風呂と愛国

「清潔な国民」はいかに生まれたか

川端美季 Kawabata Miki

NHK出版新書
729

まえがき

数年前、友人の子どもがまだ幼いときに、子どもが風呂に入らなくて困るという話を聞いたことがあった。それを聞いて思い出したが、私自身も幼い頃、母親や父親から毎日のように「早く風呂に入りなさい」と言われていた。私や弟たちは毎回しぶるのだが、親たちは毎日飽きもせずに言っているように子どもの私にはみえた。おそらく友人の家でも同じことが繰り広げられていたのだろう。

この話をすると、「うちもそうでした」と言われることが多いので、おそらくたいていの家では子どもを風呂に入れるのに一苦労しているのだろう。友人の子どももかつての私自身もそうだったのだろうが、子どもの多くは面倒くさがりである。それに、風呂に入るのには自分のタイミングがあるものである。

子ども心に不思議なことがあった。正直、一日や二日、風呂に入らなくても人間は死なない。なぜ母親（あるいは父親）は毎日毎日風呂に入れと一生懸命言うんだろう。そこまで熱心に言わせるものは何だったのだろう、ということである。

入浴をテーマに研究しているというと、お風呂が大好きな人なんだろうと思われることが多い。しかし振り返ると、私の関心のひとつはこの幼少期（だけでなく親と同居していた期間）のこうした疑問から始まっているように思われる。

現代に暮らす日本人の多くは、毎日風呂に入るのが当たり前だと思っている。しかし、いつから私たちは毎日風呂に入るのが「当たり前」だと思うようになったのだろうか。二〇二四年春頃にＳＮＳで「風呂キャンセル界隈」という言葉が流行した。「風呂に毎日入らない、風呂に入るのが面倒くさい人（自分）たち」といった意味で使われている。これも「毎日風呂に入るのが当然」「風呂に入らなければならない」という前提があるからこそ、「風呂」を（今日は／も）「キャンセル」するという概念が成立するのである。

とはいえ、ではまったく風呂に入らなくてもよいのかというと、そういうわけでもない。たとえば病気や家庭の事情で風呂に入れなくなったときや、海外などでバスタブがなく、シャワーしか利用できない状態になると、風呂に入りたい、バスタブにお湯をためて浸《つ》かりたいと切望する人もいるのではないだろうか。毎日入浴できない状態になると風呂に入りたいと思う。バスタブがないとお湯に浸かりたいと思う。それまで自分が暮らしてきた環境から離れたときに、入浴しないと落ち着かない。この感覚はいったいなんなのだろうか。

一方で、人によっては入浴しないことで、自分の身体が汚れている、不潔だと感じることもあるだろう。風呂に入らないと落ち着かない。そういう感覚である。

こうした風呂に入るのが当たり前だと思うことも、海外でバスタブでお湯に浸かりたいという感覚も、〈日本人らしさ〉や〈日本人の国民性〉という言葉でよく説明されているし、これまでもされてきた。そう言われるとそうかな、と思うかもしれない。そうだとして、その国民性はどのようにして共有されたのだろうか。そもそも「らしさ」や「国民性」のひとことで済ませられることなのだろうか。

この本ではこうした疑問を糸口に、日本の入浴の歴史を追いながら、入浴が清潔という概念と結びつき、日本人は入浴好きで清潔な国民である、という意識が生まれた歴史を紐解いていきたい。

第一章では、日本で入浴習慣がどのような空間で行われてきたかに注意しながら、日本の前近代の入浴の歴史を振り返っていく。とくに入浴のひとつの場である銭湯、湯屋の歴史を概観しながら、それが幕末に日本に来た西洋人の目にどう映ったかをみていきたい。

第二章では、近代、とくに明治時代の公衆浴場と入浴習慣が、どのように取り締まられ、浴場をめぐる風景がいかに変わっていったのかを考える。とくに近代の浴場に対する取り締まりの強化の背景には、当時の警察行政や感染症対策が大きく関わっている。そうした背景に留意しながら、小説家である岡本綺堂《おかもときどう》の随筆から当時の浴場の様子を取り上げる。

続く第三章では、明治期から日本の医師や衛生行政に関わる専門家たちが海外視察からどのような影響を受け、日本をどう認識したのかに注目する。とくに『大日本私立衛生会雑誌』という、衛生思想を普及させる一翼を担った当時の雑誌の記述に着目しながら、「日本人は入浴好き」という言説がどのように生じ、浸透していったのか、その一端を詳《つまび》らかに追っていく。

第四章では、入浴に対する認識や、浴場自体が海外からどのような影響を受けたのかを考えてみたい。日本が参考にしたのは、欧米の公衆浴場運動だった。公衆浴場運動とは、一九世紀後半から二〇世紀にかけてイギリスからヨーロッパ、アメリカで、公衆浴場を設けて人々に清潔習慣を啓蒙する動きのことである。当時の日本の社会事業の専門家たちはこの公衆浴場を視察し、またその理念に触れた。それによって、日本の社会事業や浴場はどのような影響を受けたのか、欧米と比較して入浴や清潔さがどのように考えられていったのかを検討したい。

第五章では、近代日本で入浴習慣を根づかせるための「家庭衛生」と呼ばれる領域に着目する。明治から大正期にかけて、一家の運営のあり方を説く指南書である「家政書」が多く刊行されたが、そこで繰り返し言及されたのが「家庭の衛生」を守ることだった。そのなかで清潔さや入浴がどのような目的で論じられていたのかをみていきたい。そこには当時の女性にどのような役割が課されようとしていたかと、家庭で育てられる子どもに対する当時の視点がある。これは第六章や第七章とも関わる点だ。

第六章では、清潔さが身体のみならず精神と結びつけられ、それが国民性として共有されていく過程を追う。注目したいのは、明治末期から日本で盛り上がりをみせた「国民道徳論」の「潔白性」をめぐる議論である。国民道徳論は教育勅語を機能させるべく、日本の新しい精神的紐帯として位置づけようとしたものであった。この潔白性の特徴のひとつに、日本人の入浴習慣もあった。ここでは潔白性をめぐる言説をふまえ、国民性の議論の変遷を振り返りながら、清潔さの意味を再考する。

続く第七章では第六章をもとに、国定修身教科書における清潔さと潔白についてみていきたい。国民道徳論で議論された国民性は、修身教育のなかでめざされるべきものとなった。実際の修身教科書がどのように清潔な国民であることの重要性を説いていたのか、またそれが明治から昭和へ、時代とともにどう変化していったのかを明らかにしたい。

日本の多くの人々に根づいている〈清潔さ〉の感覚は規範化しているとさえいえるかもしれない。しかし、清潔にするというのは、そもそもどのようなことなのだろうか。本書で振り返る近代日本の歴史は、入浴という当たり前の習慣や風呂という具体的な場を通して、生活にも身体にも密着している歴史である。だからこそ日常のなかではなかなか気づかれにくい、清潔さに関わる私たちの感覚を問い直すことにつながるだろう。そうすることで、風呂に入ることを今の私たちがどう感じ、これまで当然だと認識してきた規範にどのような歴史的背景があるかを知ることにもなるだろう。

風呂をめぐって近代日本が辿ってきた道を、これからじっくりりみていきたい。

風呂と愛国——「清潔な国民」はいかに生まれたか　目次

DTP　佐藤裕久
校閲　福田光一

※引用文中の旧字体は新字体に改め、必要に応じてルビを付した。

第一章　風呂とは古来なんだったのか
——前近代の湯屋と西洋のまなざし

日本人は古くから入浴を好むといわれる。では、日本人がいまのような様式で入浴するようになったのはいつ頃のことなのだろうか。古代から温泉をはじめ、自然を利用して入浴する場はあった。ただし、日本の入浴の歴史の大きな分節点のひとつは、仏教が日本に伝わってきた時期にある。本書ではまず、前近代（江戸時代まで）における入浴の歴史を紐解きながら、入浴の様式や文化がいかに近代につながっていったのか、いかなかったのかをみていきたい。

病者の垢すりをする光明皇后

六世紀半ば頃、仏教とともに日本に「風呂」という様式が伝わった。しかし、それは現在のような湯で満たされた浴槽のあるものではなく、蒸し風呂であった。各地の寺院には浴堂や浴室と呼ばれる入浴施設が作られた。

仏教の経典『浴仏功徳経《よくぶつくどくきょう》』（『仏説浴像経』）[★1]や『仏説温室洗浴衆僧経《ぶっせつうんしつせんよくしゅそうきょう》』（『温室経』）[★2]は、入浴することで「七病を除き七福を得る」という功徳を説いており、浴堂や浴室は寺院の僧尼《そうに》だけでなく、参詣する人々などのためにも設けられ、開放されることがあったという。

こうした一般の人々に向けて入浴機会を与えることを「施浴《せよく》」という。施浴は寺院の救済活動・慈善活動である一方で、仏教を民間に広めるためにも機能した。施浴には布施《ふせ》がなされることもあった。

施浴を行っていた日本の浴堂の代表的なもののひとつに、一二三九（延応元）年に建立された東大寺の大湯屋がある（図1-1、図1-2）。東大寺大湯屋は改修工事を繰り返し、詳細な

図1–1　東大寺の大湯屋（出典：武田勝蔵『風呂と湯の話』塙書房、1967年）

図1–2　東大寺の鉄湯船（出典：全国公衆浴場業環境衛生同業組合連合会『全浴連三十年史』、1990年）

図1–3　法隆寺の浴室（著者撮影）

年は不明だが、明治期頃まで実際に用いられていたようである。[★3] また日本最古の寺院として有名な法隆寺にも浴室があるが、これは後の時代に建てられたものだともいわれている（図1–3）。

「施浴」は伝承や伝説にも残っている。有名なものが奈良時代の光明《こうみょう》皇后のものである。聖武天皇の后である光明皇后は仏教への信仰が厚かった。伝承では、皇后は法華寺など多くの寺院を建立し、自身でも仏教の功徳を積んだと思っていたが、功徳が足りないという天からの導きを受け、温室の功徳を行ったという。皇后は湯屋（蒸し風呂）を設け、とりわけ重い皮膚の病にかかった者の垢をおとし、膿《うみ》を吸いだしたところ、病者の姿は阿閦仏《あしゅくぶつ》（伝承によっては文殊《もんじゅ》菩薩）となったという。またある伝承では、光明皇后は自分が垢すりをしたこと（膿を吸いだしたこと）を他人に言わないよう求めると、病者が阿閦仏や文殊菩薩に姿を変え、また湯浴みに来るつもりだからこの話を言いふらさないようにと告げたとされる。[★4] いずれも光明皇后の仏教心の篤《あつ》さを示すといわれる伝承であり、生身の身体に触れる湯屋であるためインパクトが大きい。この伝承は仏教を通して皇后の権威を示すものでもあるだろう。その際に「施浴」という出来事が用いられたのである。

この光明皇后の伝承については、歴史学者の阿部泰郎や仏教史家の松尾剛次によって考察されている。松尾は「宗教的癒《いや》しや救済において、宗教者による患部などへの身体的な接触は大きな意味をもってきた」と述べ、光明皇后という「貴人」が病者の垢すりを行うのは衝撃的な出来事であると示唆する（松尾は皇后の伝承が時代によって変容していった過程を述べており、詳しくはそちらを参照されたい）。

いずれにしても、権力者や為政者など、その地域で公的に力を持つ者が権威づけられる要因に、「入浴」という身体を露《あら》わにする行為と、入浴に穢《けが》れをはらう清浄という文脈があることにまずは注意しておきたい。

さらに時代が下って鎌倉時代になると、施浴はさらに頻繁に行われたという記録もある。

営利目的の浴場の登場

寺院の湯屋や浴堂とは別に、営利のみを目的とする浴場もかなり早い時期からあったようだ。こうした浴場は「湯屋」「風呂屋」「洗湯《せんとう》」など、さまざまな語で資料に記されている。これまでの研究では「湯屋」「風呂屋」「湯銭《ゆせん》」「銭湯」「湯あみ」などの語から湯屋の出現した時期を探ろうとしており、平安後期など多くの見解がある。ただし、営利目的の浴場は一時的なものや季節的なものも多かった。それらを踏まえると、時期を問わない恒常的な営利目的の浴場は遅くとも鎌倉時代には明確に存在していたと考えられる。室町期や戦国時代にも営利目的の浴場はあったが、やはり蒸し風呂の様式であった。

明治期以前(前近代)を扱う入浴史研究は、風俗史的な観点によるものが非常に多い。その背景には、室町後期、戦国時代に現れた湯女《ゆな》[★5]や風呂女の存在があるかもしれない。湯女は当初、利用者の垢をとったり髪を結ったりと入浴に関するサービスをしていただけだったと思われるが、後には売春するものも現れた。

近世に、売春する場は幕府により厳しく定められた。江戸で有名なのは吉原である。ただし吉原は夜間営業が禁止されており、利用料金も湯女風呂より高額であった。そのため湯女は存続し繁盛したが、吉原の客の入りが悪くなったことから、江戸幕府は一六五七(明暦三)年に、吉原、すなわち公娼制度を守るために湯女を禁止した。[★6]しかし禁止された後も湯女風呂営業は何度も再開したともいわれている。

江戸期の銭湯のはじまり

江戸期になると、銭湯（当時は主に「湯屋」と呼ばれたため、これ以降は湯屋と表記する）が繁盛した。湯屋の隆盛は長く続いたが、それはなぜだろうか。

江戸の町における湯屋のはじまりとはどのようなものだったのかをみておこう。

一六一四（慶長一九）年、三浦浄心《みうらじょうしん》による『慶長見聞集』に次のような記述があることは、研究者の間でよく知られている。★7

江戸繁昌のはしめ天正十九卯年夏の頃かとよ。伊勢輿市《いせのよいち》と云しもの銭瓶橋《ぜにかめばし》の辺りにせんとう風呂を一つ立る。風呂銭は永楽一銭なり。（中略）今は町毎《ごと》に風呂有。

一五九一（天正一九）年、徳川家康が治めることになった江戸で、伊勢輿市という男が「せんとう風呂」を始めたという。料金は「永楽一銭」で、いま（慶長期）は町ごとに風呂ができたと書かれている。幕府が開かれると決まったあと、江戸では大々的な土木工事が行われていた。こうした工事に従事するため、多くの働き手が集まった。

日本経済史を専門とした戸沢行夫によると、伊勢輿市が「せんとう風呂」を開業した銭瓶橋の辺りは「武家地と町人地が接する江戸開発の中心地」であったという。住宅システムの専門家である江夏弘は以下のように述べている。[★8]

家康は旧領地から家臣や町人を江戸に移したが、その多くの人数が生活するのに適当な土地が足りなかった。そこで、まず城の東側の低地に市街を開くこととし、堀をほって沼沢地《しょうたくち》の水を疎通し、掘り上げた土で湿地を埋め立てるという土木工事を行った。（中略）土木工事や住宅建設などのために、全国から出稼ぎの庶民が集まった。そこで、これら重労働をする人達にとって風呂が何よりも命の洗濯となったのである。

このことを踏まえると、伊勢輿市が銭瓶橋のあたりで開業したのは、江戸という新しい都市の開発でやってきたたくさんの労働者に向けてだとみることもできる。一方で、「せんとう風呂」を始める一年前の一五九〇年には、大坂で風呂屋ができたともいわれている。[★9]この時期に風呂屋が生まれ、江戸期に湯屋が隆盛していった背景には、日本で江戸や大坂をはじめ都市化が進展したことと切り離せない。

ちなみに、江戸や大坂、京都といった都市はとくに人口が多く、家は密集して建っていることが多かった。そのため火事のリスクとなる場には細心の注意が払われた。長屋には共同井戸や共同便所はあったものの、浴室は火を使うためか設置されなかった。また、近世においては水の供給と火をおこす燃料の供給も課題であった。湯屋は水と火を大量に使う施設だが、都市で燃料を調達するのは費用や労力のかかる大変なことだったからである。

そのため湯屋には、住宅が密集する都市部の各住民が自宅に費用をかけられないという経済的コストに対応し、火や水を大量に使う場を集約して火災のリスクも下げるという両面の役割があった。

また、町ごとに風呂ができたと三浦浄心が述べた一七世紀後半には、江戸で湯屋を営業する者は「湯屋仲間」という同業者組合を組織し、連携するようになっていた。[★10]

江戸時代の蒸し風呂とはどのようなものだったか

湯屋の様式についても触れておきたい。

江戸時代初期の浴場の様式は、それ以前からあった蒸し風呂が継続して使われていたが、同時期に蒸し風呂（蒸気浴）と湯に浸かる温浴が混合したものが現れたといわれる。そのひとつに「戸棚風呂《とだなぶろ》」というものがある。

図1–4　戸棚風呂（出典：中桐確太郎『日本風俗史講座　第十巻　風呂』1929年、国立国会図書館蔵）

戸棚風呂（図1－4）は江戸初期に現れたといわれているが、いつ出現したかは明確ではない。歴史学者の喜田貞吉《きたさだきち》によれば、戸棚風呂は仏教伝来から用いられた蒸気浴と湯に浸かる湯浴の混合形として出現したという。[11]

戸棚風呂は、入口に引き違いの扉があり、内側に浴槽がある。内部の浴槽は低く、底に湯をため、入口の扉を閉めると内部に蒸気が充満するという仕組みであった。扉を開閉して入る様子が戸棚に入るようにみえたので、戸棚風呂と言われるようになったといわれる。戸棚風呂に入る客は腰下まで湯に浸かり、上半身は蒸されることになる。地域によってこの様式の風呂が長く続いたところもあったようだが（喜田は明治二二〈一八八九〉年頃の京都に戸棚風呂があったと述べている）、江戸時代には「柘榴口《ざくろぐち》」という様式が主流となっていった。

柘榴口とは、膝《ひざ》くらいまでの深さの浴槽に湯をため、その浴槽の手前に鴨居《かもい》を低く下げ

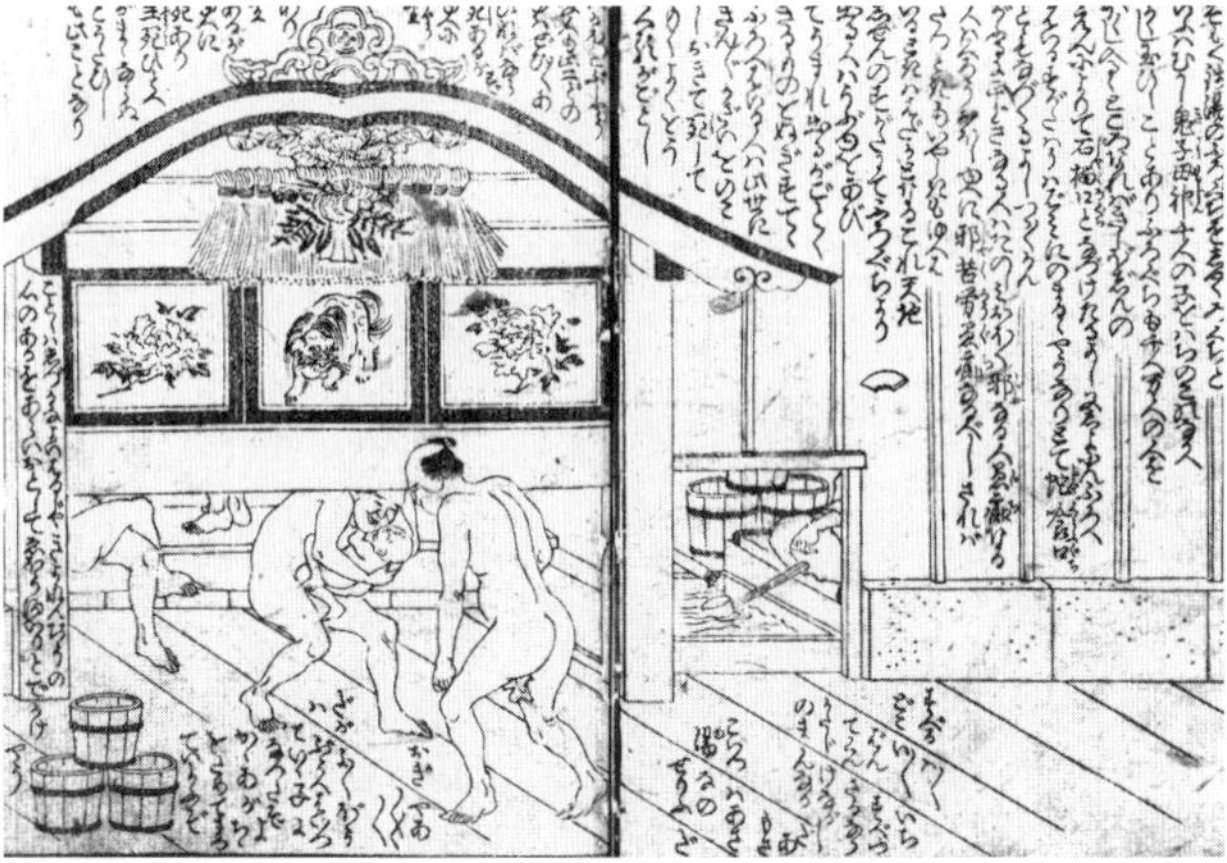

図1–5　石榴口（山東京伝『賢愚湊銭湯新話』、国立国会図書館蔵）

たものを設置し、内部で蒸気を充満させる様式のことである。浴槽に入るためには、低い鴨居をくぐらなければならない（図1－5）。この構造は蒸気を保っておくのには有効だが、内部が非常に暗かったという。浴槽に入る際には中にいる客にぶつからぬよう先に声をかけたり、先に入った客は咳《せき》払いなどをしたりしていたともいわれ、内部が暗く何が起きているかわかりにくく、湯に汚物が浮いていても気づかないことさえあったようだ。[★12]

現代の私たちからすると、さすがにそれはわかるだろう、そんなことはありえないと思ってしまうかもしれない。しかし、それはあくまで現代の感覚である。当時の湯屋には給水設備がなく、浴槽の湯を頻繁に取り替えることもなかったため、[13]柘榴口様式の風呂の湯はいまと比べると汚れていた。江戸では上がり湯で垢をおとし、大坂では浴槽から汲《く》んだ湯で垢をおとした。一方、京都では浴槽内で垢をおとすこともあったという。[14]

「湯屋」と「風呂屋」——なぜ呼称が異なるか

現代では民間の営利目的の公衆浴場のことを「銭湯」というが、先に述べたように当時は「湯屋」という言い方が主流であった。他方で「風呂屋」という呼称もあった。地域によってこれらの呼び名が違うともいわれるが、「湯屋」と「風呂屋」という言葉についても少し整理しておきたい。

もともと湯屋と風呂屋は、作りが異なるものとして存在していたといわれる。元禄年間（一六八八〜一七〇四）の京都に、洛中の湯屋数は計一五軒、風呂屋数は計一〇軒という記録が残っている。[15]また一七一五（正徳五）年の「京都御役所向大概覚書」には洛中洛外の湯屋数と風呂屋数が記録されており、それによると洛中の湯屋数は五八軒、居風呂数は一二軒、風呂屋数は一三軒、塩風呂数五軒、[16]釜風呂数八軒、洛外の湯屋数は一三軒、塩風呂数は一軒、居風呂数は二三軒であった。[17]

「湯屋」と「風呂屋」は、もともとその機能と役割が異なっていたという見方もある。[18]近代の医師である藤浪剛一《ふじなみごういち》は、風呂屋は蒸気浴によって身体を温めて垢をおとすところであり、湯屋は湯を沸かして浴槽に身体を浸すところだと言う。両者は様式が違い、浴室の構造が異なる。蒸気浴を行う「風呂屋」は、床下に釜を置き、そこから出る蒸気を浴室内に導くものである。一方の「湯屋」は、湯を張った浴槽に身体を浸す場があることを意味する。[19]

ただ、その構造以外の側面で呼び名が違うこともあった。ある研究では、一八世紀後半から一九世紀初頭の江戸では「湯屋」と「風呂屋」は性質が異なるものであったと指摘されている。[20]「湯屋」とは営業用浴場のことだが、江戸で言う「風呂屋」は性行為を目的とする店であったという。つまり営業実態によって呼び名が違っていたということである。

さらに別の側面もある。近世後半の天保期(一八三〇〜一八四四年)に、大坂の商人であった喜多川守貞《きたがわもりさだ》が生活の諸事物や当時の風俗をまとめた『守貞謾稿《もりさだまんこう》』という記録がある。喜多川は一八三七(天保八)年に大坂から江戸に移り住んだ。その後も江戸と大坂を幾度も往復し、そこで見聞したことを記録して『守貞謾稿』全三五巻を著している。喜田川は「京阪ニテ、風呂屋ト云《いい》、江戸ニテ、銭湯或《あるい》ハ湯屋ト云」と、京都大坂と江戸との呼称の違いを記録している。[21] ここから、近世後期には地域で呼び名が違っていたとみることもできるかもしれない。ただし、先に挙げた「京都御役所向大概覚書」には「湯屋」「風呂屋」と分けられ、その数が記されていることにも考慮する必要があるだろう。

場末町対策としての混浴禁止令

では、江戸の入浴の様式はどのようなものだったのだろうか。江戸時代に男女混浴が行われていたと聞いたことがある人は多いかもしれないが、その内実はどのようなものだったのだろう。

左の図は江戸と大坂それぞれの柘榴口の図が記録されたものだ(図1-6、図1-7)。図1-6は大坂の湯屋の図面、図1-7は江戸の湯屋の図面である。当時は脱衣所(図では板間)と浴室の間には仕切りがなかった。[22] そして図1-6、図1-7ともに、男女で柘榴口の浴槽が分かれている。当時、男女混浴は「入込湯《いりこみゆ》」と呼ばれていた。[23] 江戸期の湯屋は基本的に男女混浴だったといわれるが、常にそうだったわけではない。京都や大坂では入込湯が一般的だったが、天保年間に定められた規制により男女の浴槽を分けることになったという。

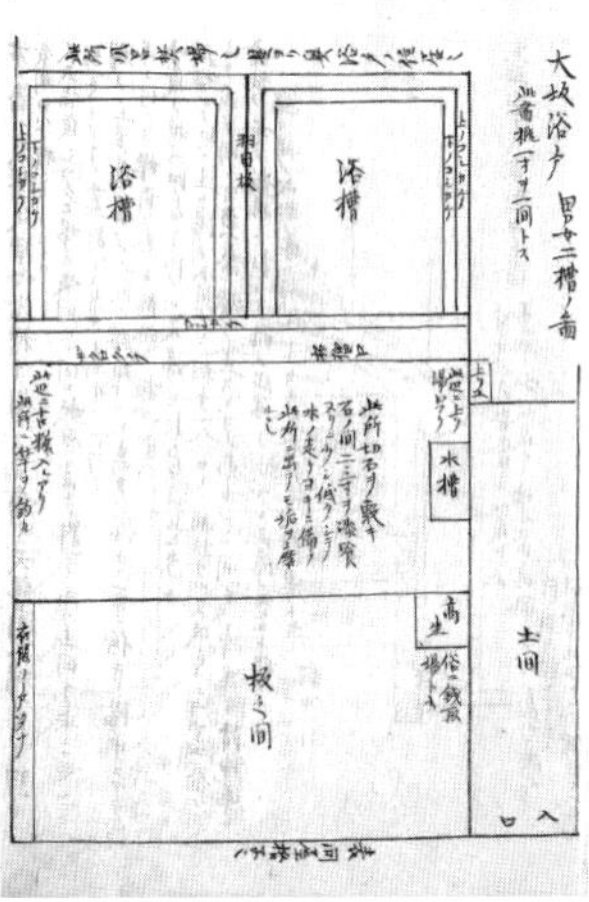

図1–6　大坂の柘榴口

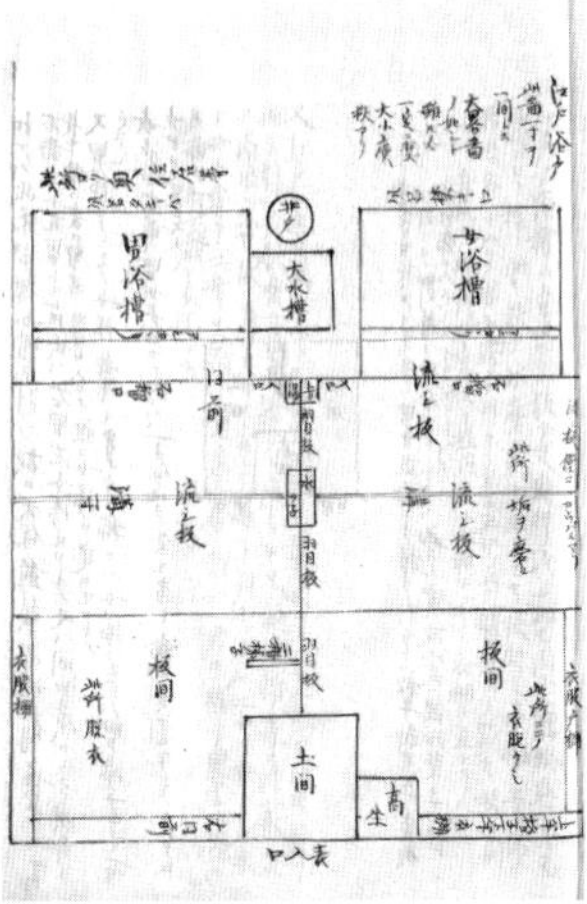

図1–7　江戸の柘榴口

『守貞謾稿』をみると、近世後期になると男女混浴の禁止の発布が幾度もなされたことがわかる。天保年間の一八四二（天保一三）年に京の御触書頭書で、男女別の浴槽を設けるか、あるいはひとつの浴槽を男女日別で分けるかのどちらかにするよう定められている。『守貞漫稿』にも同様の記録があり、また江戸で男女混浴は寛政年間（一七八九年〜一八〇〇年）に全面的に禁止されたことから、天保年間以前から禁止されていたことがわかる。★24

男女の混浴はさまざまな方法で禁止された。なかには時間ごとに男女を分けるというものもあったが、★25一七九一（寛政三）年に発布された「混浴禁止令」は、混浴を一切禁止するというものであった。この禁止令は風紀の乱れを取り締まるためだと理解されやすいが、別の側面もある。これに関しては、近世史家の中井信彦の研究[★26]に注目したい。中井は江戸幕府が都市政策のなかで湯屋をどのように位置づけようとしていたかを明らかにしている。

それによると、一七九一年の混浴禁止令は、場末の湯屋に向けられたものであった。この背景には当時打ちこわしが頻繁に起こっていたことがある。打ちこわしの担い手のほとんどは、都市中心部から離れて住んでいる、いわゆる「細民層」に位置づけられるような職人や商人たちであった。こうした人々は江戸の周縁に居住し、そして「場末町」が形成され、拡大していった。中井はこの混浴禁止令は単なる風俗矯正《きょうせい》を目的とするものではなく、こうした打ちこわしを担う細民層が形成される場末町対策の一環だったと解釈している。

この時期の幕府による規制のひとつの目的は、こうした場末町を管理下に置くことにあった[★27]ことから、幕府は混浴禁止令を定めることで場末町にある湯屋の管理を強化し、さらにその湯屋の配置に介入して場末町の区画を変えようとした。つまり、幕府は湯屋を通して都市を再編成しようとしていたのである。湯屋は、行政が都市の周縁地域に住む細民を管理する装置として利用されるものであったともいえるだろう。後の章でみるように、明治後期以降、行政は湯屋を都市計画や他の側面でも利用していくのだが、江戸期にすでにその試みがあったことは注目すべき点である。

江戸時代の人々にとっての男女混浴

もう一点注意しておきたいのは、男女の混浴のイメージを現代の私たちがどのようにとらえているかという点である。

現代の日本人からみると、男女混浴はセクシュアルなイメージが強く、湯屋内で何か性的なことがあったのではないか、と想像されるかもしれない。都市計画といっても、結局のところ湯屋内で風紀の乱れがあり、そのために男女混浴が禁じられたのではないかと思う人もいるだろうし、実際にそう言われることも多かった。だが、セクシュアルなイメージというものは歴史のなかで比較的短期間に大きく変化してきたことに注意する必要がある。

柘榴口の内部の絵はいくつかあるが、そのうちひとつに一七八五(天明五)年の山東京伝『艶本枕言葉《えほんまくらことば》』がある(図1-8)。これをみると、男女が柘榴口内部で性的な行為に及んで

図1–8　山東京伝『艶本枕言葉』（慶應義塾大学アート・センター所蔵）

いるようにみえる。だが、ここで描かれているようなことが実際行われていたのか、そういったことが一般的だったのかまでは判然としない。

他方、絵があるから、これらを当時の情景がそのまま描かれたものととらえるのも難しい。近世中頃に流行した川柳から、混浴風呂のなかで今日《こんにち》言うところの「痴漢行為」があったと指摘している研究もあるが、[★28]描かれたものに多少の誇張があったことは十分に考えられる。たとえば現在のメディアのなかの表現で、性的行為がそれを目的としない特定の施設で行われているような場面があったとする。しかし、実際にその施設にセクシュアルなイメージがあるかというと、そうではないことのほうが多いだろう。

当時の春画において、男女混浴の場での性的行為の描写はめずらしいものではない。こうした春画は、柘榴口がそうしたイメージを喚起させるものであったことを示すものだともいえる。後述するが、幕末期に来日した西洋人は、日本人の男女混浴の様子や裸体を露わにすることにためらいがない様子を見てとても驚いた。現在の日本人の視点はこの驚く西洋人の視点に近い。しかし、江戸期の人々にとって男女が混浴することは、現代よりもはるかに日常的なことだったと考えられる。

近世の湯屋に対する規制

男女混浴の禁止以外にも湯屋に対する規制があった。そのひとつが防火の規制である。[29] 江戸をはじめとする都市では家々が密集して建っていたことから、幾度も大火があった。繰り返しになるが、湯屋は水も使うが火も扱う場所である。そういった点で火事の火元となるおそれのある施設とみなされていた。先述した戸沢行夫は、江戸期に多くの人が大火を経験したことで「火之用心はもっとも警戒すべき事項であった。とくに大火を焚《た》く湯屋営業には厳しく、その対象となった」と指摘する。[30]

江戸町触《まちぶれ》では、湯屋の火の扱いについて何度も注意が出されていた。たとえば、一七一七(享保二)年九月の町奉行による「火之元之儀」がある。それを受け、町名主たちによってとくに注意が必要であるとされた業種のなかに湯屋も入っている。[★31] また一七二八(享保一三)年には、将軍の日光参拝に伴う「火之用心」の勧告の対象に湯屋も含まれていた。[★32]

戸沢は江戸の湯屋を、幕府の統制下にありながら、共同体との地域的な結びつきが強いと指摘する。実際に公的な規制以外の決まりもあった。それは、湯屋の同業者間で決められていた規約のようなものである。

一八五一(嘉永四)年に『洗湯手引草』という、江戸の湯屋営業者の経営の手引書が出版された。ここには「店法度書之事」として湯屋営業で守るべきことが挙げられている。[★33] そこでは防火の注意と男女混浴の禁止などに加えて、老人や病後の人のひとりでの入浴を禁止すること、病気にかかっている人の入浴を断ることが挙げられている。当時の湯屋は現在よりも多くの人が同時に利用する場であり、それを考慮しての内容だったと思われる。

西洋人がみた日本の入浴習慣

さて、ここからは幕末から明治初期にかけての湯屋の風景について、当時日本を訪れた西洋人の視線を通してみていきたい。

幕末から日本は開国に大きく舵を切り、多くの西洋人が日本を訪れた。彼らは日本の一般庶民の生活をさまざまに記録している。そのなかでとりわけ彼らの目をひきつけたのが、湯屋での男女混浴の様子であった。

実際のところ、日本のどれくらいの地域で男女混浴が一般的だったかは定かでない。ただし、江戸幕府が男女混浴を繰り返し厳しく禁止していたことは、逆に禁止しなければならないほど行われていたとみることもできる。

また都市部だけではなく、地方でも男女混浴はあった。全国一律に混浴だったわけでもなく、また身分や職業によっても違っていた。[★34] また入浴も必ずしも公衆浴場に行くわけではなく、軒先《のきさき》など屋外での行水もよくみられた。

そんななかで、幕末から近代にかけて日本を訪れた西洋人たちの目には、どのように湯屋や混浴の様子が映ったのだろうか。

幕末から明治期は歴史的にも大きな転換点であり、江戸期の終わりから明治期にかけて、日本の情景は大きく変わった。一八六一年頃から一八八〇年頃まで週刊英字新聞「ジャパンヘラルド」の編集者を務めたジョン・レディ・ブラックは次のように述べている。[★35]

紀元一八七九年（明治十二年）の今日（中略）開港場の横浜、神戸、または長崎のいずれかに上陸して、（中略）この国に特有な興味を提供している民衆や場所をたずねて見ようともしない旅行者は、なんの感興も起さずに、通りすぎてしまうかもしれない。（中略）だが、わずか二十一年前には、それどころではなかった。その当時、日本に着いた人は、うわべだけの観察者であろうとも、すべてのものが見なれないものであり、（中略）興味と魅力を感じたのであった。

ちょうど幕末から明治初期に日本に滞在したブラックは、日本の情景や人々が大きく変わっていく様子をまざまざと見た。めまぐるしく変わったからこそ、多くの西洋人の日本に対する記述も、日本への理解も、日本を訪れた時期や場所ごとに異なる。時代性と地域性を高く反映した記録だと言える。この点に注意しながら、日本を訪れた西洋人の記録を幕末から時系列にみていきたい。

図1–9　下田の湯屋（出典：M.C.ペリー著『ペリー提督日本遠征記』角川ソフィア文庫、2014年）

疑いもなく淫らな人民？

まず、米国から日本にやってきたペリー一行の記述から取り上げよう。

ペリーたちは日本を訪れた際、一八五四（嘉永七）年四月に下田での湯屋の様子を記録している。ペリーに同行していたハイネは下田の湯屋を絵に描き残している（図1－9）。絵をみると奥に柘榴口があり、手前の洗い場でしゃがんでいる人々、その左側に脱衣所があることがわかるだろう。

記録には下田の湯屋について次のような記述がある。[★36]

裸体をも頓着《とんちゃく》せずに男女混浴をしてゐる或《あ》る公衆浴場の光景は、住民の道徳に関して、大《おおい》に好意ある見解を抱き得るやうな印象をアメリカ人に与へたとは思はれなかつた。そして実際吾々《われわれ》の親しくした日本人もさうではないと語つた。然《しか》し日本の下層民は、大抵の東洋諸国民よりも道義が優れているにも拘《かかわ》らず、疑《うたがい》もなく淫蕩《いんとう》な人民なのである。

男女がためらいなく人前で裸体を露わにし、混浴している風景は、当時の西洋人たちにとって相当な衝撃であった。ハイネの描いた絵もアメリカ議会に提出するペリーの報告書に掲載されるはずであったが、物議をかもしたため削除されたといわれている。[★37] また、ペリーに随行した宣教師ウィリアムズは次のように述べる。[★38]

私が見聞した異教徒諸国の中では、この国が一番淫《みだ》らかと思われた。体験したところから判断すると、慎しみを知らないといっても過言ではない。婦人たちは胸を隠そうとはしないし、歩くたびに太腿《ふともも》まで覗かせる。男は男で、前をほんの半端なぼろ〔ふんどし〕で隠しただけで出歩き、その着装具合を別に気にもとめていない。裸体の姿は男女共に街頭に見られ、世間体なぞはおかまいなしに、等しく混浴の銭湯へ通っている。淫らな身ぶりとか、春画とか、猥談《わいだん》などは、庶民の下劣な行為や想念の表現としてここでは日常茶飯事であり、胸を悪くさせるほど度を過ごしている。彼らがぺちゃぺちゃしゃべっているのを一度も見たこともない道学者たちは、愚かな異教の国民の有様や優劣性について、よくもまあ、あんな夢が抱けたものだ！

ペリー一行の記録やウィリアムズが、道義（原文ではmoral）や淫らという言葉を用いていている点は興味深い。これは単に、近代化された国からの視点ととらえることもできる。当然ながら、当時の日本には独自の文化的背景があり、ペリー一行やウィリアムズの記述は、男女が一緒に入浴することを近代西洋の価値観に当てはめているにすぎないともいえる。[★39]

ただし、彼らのこの視点がどのような背景で成り立っているかにも注意する必要があるだろう。それは当時、西洋で入浴がどのような意味を持っていたのか、ということと関係している（この点は第四章で取り上げる）。

また、ペリー一行は日本人を理解する際に、男女混浴に対する視点のみに引きずられることもなかったようである。下田の住民に対しては「いずれも日本人特有の礼儀正しさと、控えめだが愛想をそなえている」[★40]という描写もある。下田の寺院を「下田住民の道徳的性質がどうであれ、たくさんの参拝所があることから推測して、彼らの信仰心は非常に厚いと思われた」[41]とも述べている。男女混浴の記述もそうだが、ペリー一行やウィリアムズの視点の背景には、キリスト教のプロテスタント的価値規範があることがうかがえる。

もちろん同じ光景をみて、全員が同様の認識を持ったわけではなかった。たとえば下田の湯屋の絵を描いたハイネは、混浴の風景にショックを受けるものの、ペリー一行やウィリアムズとはまた違った印象を受けていた。注目したいのはハイネの日本人をみる姿勢である。[42]

私は一人の日本人の湯浴みしているのを見たが、この時は驚愕のあまり茫然《ぼうぜん》としてしまった。（中略）公衆浴場では、熱湯をもっと経済的に扱っている。（中略）浴場それ自体が共同利用で、そこでは老若男女、子供を問わず混じり合ってごそごそとうごめき合っているのである。また外人が入って来ても、この裸ん坊は一向に驚かないし、せいぜい冗談混じりに大声をあげるくらいだった。この大声は、私が察するには、外人が一人入ってきたので、一人二人の女性の浴客があわてて湯船に飛び込んで水をはねかしたり、あるいは、しゃがみ込んだ姿勢で、メディチ家のヴィーナスよろしく手で前を隠すポーズをとったりしたからであるらしかった。

ペリー一行やウィリアムズが、混浴する様子を「淫蕩」として嫌悪感を表しているのに対して、ハイネは男女混浴の様子に驚いてはいるものの、好意的とまでは言わないまでも、興味深く日本人を観察している。このことは、同時に同じものをみていたとしても、彼らの社会的・文化的背景や信仰、信条、関心などによって、見える景色が異なることを示している。

人前で裸を見せることへの驚きとまどい

米国の初代駐日総領事であるハリスもまた、下田で銭湯の光景について記述している。[★43]

日本人は清潔な国民である。誰でも毎日沐浴《もくよく》する。職人、日雇の労働者、あらゆる男女、老若は、自分の労働を終ってから、毎日入浴する。下田には沢山の公衆浴場がある。料金は銭《ぜに》六文、すなわち一セントの八分の一である！　富裕な人々は、自宅に湯殿《ゆどの》をもっているが、労働者階級は全部、男女、老若とも同じ浴室にはいり、全裸になって身体を洗う。私は、何事にも間違いのない国民が、どうしてこのように品の悪いことをするのか、判断に苦しんでいる。

けれども、それが女性の貞操を危《あやう》くするものと考えられていないことは確かである。むしろ反対に、この露出こそ、神秘と困難とによって募《つの》る慾情《よくじょう》の力を弱めるものであると、彼らは主張している。

ペリー一行のような一方的な記述ではなく、ハリスはどう考えたらよいのかわからないと逡巡している様子である。この困惑する様子や、「日本人が清潔」「何事にも間違いのない国民」という記述をみると、ハリスは日本人を西洋的価値観にとらわれず好意的に評価しているとみる人もいるかもしれない。

とはいえ、実はこの記述には注意が必要だ。ハリスが「日本人は清潔な国民」だと述べたのは、「毎日沐浴する」ことを根拠としてであったが、実際のところ毎日入浴する日本人など当時それほどいるわけではなかった。

つまりハリスのこの記述も、西洋近代の物差しに当てはめて入浴という行為をみているといえる。西洋では中世の頃に感染症の影響などで入浴習慣がいったん途絶えていたが、一九世紀中頃から入浴は身体の清潔のための行為であると評価されつつあった。ハリスのこの描写は当時最先端の西洋的清潔観にもとづいているのである。

とはいえ、ペリー一行にせよハリスにせよ、男女混浴の様子を目にしたとき、裸体を露出することにためらいがないようにみえることに驚きを隠していない。ハリスは女性の貞操という記述も残し、とまどいを素直に表現している。

また、ペリー一行の「淫蕩」だという記録も、男性のみの入浴の様子をみたらもう少し異なる表現になったのではないだろうか。ここには宗教とも関わる、西洋近代のジェンダー規範も働いている。当時の西洋のセクシュアリティでは、人前でためらいなく裸体を露出すること、とりわけ若い女性が恥ずかしがる様子もなく裸体を露出することは、とても考えられないことであった。★44

西洋人たちは男女混浴をいかに理解しようとしたか

幕末から日本に訪れた西洋人たちは、日本人の入浴習慣をどう理解していいのかわからず、どのような理由があるのか彼らなりに解読し、説明しようとしていた。ひとつは、人前で裸体であることにためらいがなく、男女混浴するのは日本の慣習なのだという解釈だ

った。イギリスの駐日大使であるオールコックは、次のように述べる。★45

この地の住民の働く人びとは、原始的な純潔と清浄の状態にあるのか、それともその反対なのか。いずれにせよ、ひとつのことはたしかだ。それは、かれらの状態はわれわれの最初の祖先のそれにひじょうに近くて、日常「はだかであってもはずかしくない」という生活をしているのを見ることができる。(中略)かれらのあいだで多年生活した人びとが主張しているように、かりに最上の服装をまとっているヨーロッパ人の多くよりも、日本の女の方が貞節であり、日本の男の方が道徳的だとしても、被服についてのべたこの記事の結論としては、一般に想像されている以上に純粋に慣例にもとづいている面がつよいというふうにいわざるをえないようだ。

オールコックは、日本人が裸体を露わにする傾向があるように見えるのは、あくまで日本人の慣習にすぎないと説明する。

また、男女混浴や裸体を露出することにためらいがない様子を慣習と説明づけるだけでなく、自らの西洋的視線を顧みる記述も現れた。たとえばフランス海軍士官でデンマーク

人のスエンソンによる次のものがわかりやすい。[★46]

風呂を浴びるとか化粧をするとかの自然な行為をする時に限って人の目をはばからないだけなのである。（中略）慎みを欠いているという非難はむしろ、それら裸体の光景を避けるかわりにしげしげと見に通って行き、野卑《やひ》な視線で眺めては、これはみだらだ、叱責すべきだと恥知らずにも非難している外国人のほうに向けられるべきであると思う。

スエンソンの言う「しげしげと見に通って行き」とは、どういう意味だろうか。

実は日米和親条約以降、西洋人の間で日本人が男女で混浴していることは噂になり、日本を訪れる際にわざわざ湯屋を訪れ、混浴の様子を確認することがあった。[★47]それだけでなく、湯屋を見学するツアーもあったという。

とはいえ、西洋人たちは日本人の混浴をこの土地の風俗や慣習だと理解し、裸体を見つめる自らの視線に批判的になりつつも、混浴などの慣習を「改められるべき」問題ととらえていた。オールコックは次のように言う。[★48]

最後に公共浴場における性の完全な混合をあげることができる。これはわれわれ西洋人にはひじょうにショッキングで誤ったことと考えられるが、実際にそうなっているのである――とはいえ、いずれは改められるべき問題だと思う。

こうしたまなざしは、日本の為政者のなかで内面化され、日本人の身体のみなし方を大きく変えていった。たとえば、先ほど紹介したブラックは次のように、男女混浴が西洋人の「世論」によって改められたと述べている。[★49]

一八六二年頃までの、またもっと後までの日本人町の一つの特徴は、公衆浴場（銭湯）がたくさんあったことだ。ここでは、男女が一緒に入浴していた。当時、ここに住んでいた数人の外国人が示したような世論の力によって、ようやく次第に改められた。

ブラックはさらに、西洋のまなざしからみた日本の信じがたい習慣について次のように述べる。[★50]

まだ日本のいたるところで、外国人の通常考え及ばない習慣が残っている。これは確かに、われわれにとって、愉快なものではなかった。しかし、どんな日本人でも、われわれが指摘してやるまで、それが不当なものということが、わからなかった。

今やっと彼らは、われわれの気に入るように、習慣を変えたのだ！

ブラックのこの記述は、まさに西欧的啓蒙の視点である。この視点はやがて日本人のなかに内面化されていくことになる。

異国のまなざしが介入するということ

考古学者であるE・S・モースは、一八七〇年代の頃の日本の様子を『日本その日その日』という本に記した。そのなかで、日本人の入浴する様子を目撃したことを次のように記録している。[★51]

日本人でありながら、裸体が無作法であるとは全然考えない。全く考えないのだから、我々外国人でさえも、日本人が裸体を恥じぬと同じく、恥しく思わず、そして我々に取っては乱暴だと思われることでも、日本人にはそうでない、との結論に達する。たった一つ無作法なのは、外国人が彼等の裸体を見ようとする行為で、彼等はこれを憤り、そして面をそむける。その一例として、（中略）一軒の家の前の、殆《ほとん》ど往来の上ともいう可《べ》き所で、一人の婦人が例の深い風呂桶《ふろおけ》で入浴していた。かかる場合誰しも、身に一糸もまとわぬ彼女としては、家の後にかくれるか、すくなくとも桶の中に身体をかくすかすることと思うであろうが、彼女は身体を洗うことを中止せずに平気で我々一行を眺めやった。人力車夫たちは顔を向けもしなかった。事実この国三千万の人々の中、一人だってそんなことをする者はないであろう。私は急いでドクタア・マレーの注意を呼び起さざるを得なかった。するとその婦人は私の動作に気がついて、多少背中を向けたが、多分我々を田舎者か野蛮人《やばん》だと思ったことであろう。また実際我々はそうなのであった。

この記録からは、日本人の女性が、人力車夫たちが通り過ぎたときはまったく気にしなかったのに対し、モースのまなざしに気づいた際には背を向けたことに触れ、西洋人の

「野蛮」な視線を明らかに意識していることがうかがえる。先ほど紹介したハイネの記述にも同種の記載があったが、西洋人のまなざしを意識していたとみることができるかもしれない。

こうした西洋人のまなざしが日本人にどのように影響したのかを俯瞰的にとらえた、次のような指摘もある。[★52]

このような風習がわれわれにとってどんなに奇異なものと思われても、ヨーロッパ人が到来する以前には、日本人は自分たちの風習に非難さるべき一面があるなどとは、明らかに誰一人疑っていなかった。それどころか（中略）道徳的見地からしても申し分のないものと思っていたに相違ない。一方、ヨーロッパ人は、日本人が自負している偏見のない現実と事象を抽象的に考える能力が日本人にあることを信じたくはなかったのである。ヨーロッパ人が風呂屋に足を踏み入れたとき、彼らの方を見てくすくすと笑ったため、そのときまで誰の目にも至極当然なこととして映っていたものを、ふさわしからぬものとしてしまったのである。

西洋人のまなざしや言動が介入することで、混浴という風習が日本人にとって「ふさわしからぬもの」になってしまったことが指摘されている。

とはいえ、人々の価値観は一斉に転換するわけではない。明治期になり、日本が近代化を果たしても男女混浴は行われており、繰り返し行政から禁止を言いわたされている。だが、それは江戸幕府が禁止していた理由とは異なるものであった。

第二章　管理・統制される浴場

——明治期の湯屋をめぐる風景

禁止された湯屋の二階

本章からは近代以降の公衆浴場の歴史に入っていきたい。近世から継続していることはどのようなことで、また近代以降大きく変わったことはなんだったのだろうか。何がどのように変わっていったのか、ひとつひとつトピックを取り上げながら、近代以降の公衆浴場の歴史を追っていこう。

江戸から明治期になり、公衆浴場がすぐに近代化され、現代のようなものになったかというと、当然ながらそういうわけではない。江戸期から継続しつつ、徐々に大きく変化していった。

明治期、まず自治体が湯屋に対する規制を断続的に行い始めた。東京では一八七二(明治五)年、男女混浴の禁止と、内部が屋外から見えないようにすること、そして湯屋の二階の禁止が定められている。湯屋の入口は現在のものとはまったく違い、間口が広く開けっ放しであることがほとんどで、往来から中の板間(脱衣所)が丸見えであることがよくあった。屋外から見えないようにするというのは、屋外から人の裸が見えないようにという意味もあったと考えられる。

江戸時代、湯屋の二階は男性客に開放され、茶を飲んだり、将棋を指したりする場であ

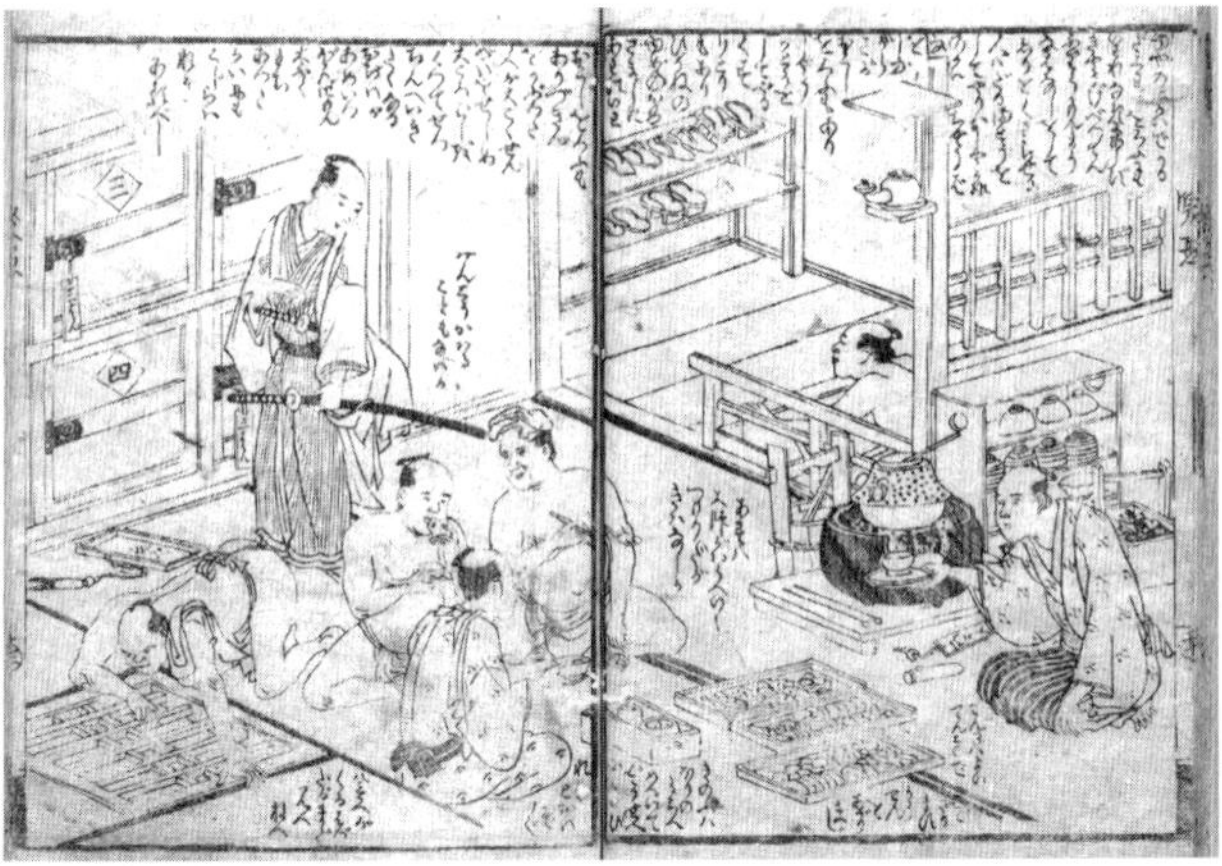

図2–1　湯屋の二階（山東京伝「賢愚湊銭湯新話」、国立国会図書館蔵）

った。二階はもともと、武士の脇差《わきざし》を預かる場所だったようだが、それが男性客の社交場になっていった（図2–1）。

明治五年生まれの作家岡本《おかもと》綺堂《きどう》は、明治時代の湯屋を振り返って「明治時代の湯屋」という随筆を記しており、そこで湯屋の二階について触れている。[★1]

江戸末期から若い女を置くようになって、その遺風は東京に及び、明治の初年には大抵の湯屋に二階があって、男湯の入口から昇降が出来るようになっていた。そこには白粉《おしろい》臭い女が一人又は二人ぐらい控えていて、二階にあがった客は新聞や雑誌をよみ将棋をさし、ラムネを

図2–2　明治期の湯屋の二階（「風俗画報」明治三八年三月号）

飲み、菓子をくい、麦湯を飲んだりしていたのであるが、風紀取締りの上から面白くない実例が往々発見される。

このあと、風紀取締まりの観点から明治一八年頃、湯屋の二階が禁止されたと続く（図2–2）。明治一八年は綺堂がまだ一三歳頃だから、禁止された後も続いていたのかもしれない。実際に、男女混浴なども明治期を通して繰り返し禁止されており、一度禁止されてすぐになくなったというわけではないだろう。

また、一八七三（明治六）年には湯屋内に「畜犬」を入れることが「東京府令」

によって禁じられた。飼い犬を湯屋内に入れないようにという注意である。注意されたということは、実際にそういったことがあったのだろう。

その他には、一八七八(明治一一)年、湯屋の「木拾」[★2]が禁止された。[★3]湯屋の維持に欠かせないもののひとつが燃料である。江戸時代にも湯屋で働く者が早朝に捨てられた木材や木屑《きくず》を拾い集めていた。木屑の収集が困難になると、近隣地域から運搬される薪《まき》の購入に頼るようになっていった。

ちなみに江戸のまちでは火事が起きたとき、その焼け跡を片付けることを条件として、火事の後に残った木材は湯屋に無料で引き渡されることもあったという。また近年まで、個人の邸宅の植木の枝などを湯屋に提供している地域もあった。

管理され、標準化される湯屋――『湯屋取締規則』

明治期以降の湯屋の大きな変化には、こうした府県(自治体)レベルで包括的な法的規則が制定されたことが背景にある。この法的規則によって、湯屋の様式や構造は標準化されていった。

一八七九(明治一二)年に東京府で制定された「湯屋取締規則」は、全国でもっとも早い法規則であった(これにならうようなかたちで、他の自治体も湯屋への取締規則を制定していく)。その内容は、湯屋営業に関する手続き、湯屋の組合の取り決め、湯屋の設備に関する規定、湯屋の防犯に関する規定、男女混浴・屋外から裸体が見えることの禁止などであった。この取締規則を出したのは東京警察署(当時)である。

まず注目したいのは、営業の認可である。江戸時代、湯屋を開業するには、湯屋株を持つ営業者たちが組織した「湯屋仲間」の認可を得る必要があった。湯屋の同業組合ともいえる民間組織が独占的に開業の許認可を行っていたのである。[★4] 一八七九年の取締規則では、営業・廃業の許認可は警察の管轄のもと、湯屋の営業および移転を「鑑札《かんさつ》」によって管理するとされ、湯屋業者の組合で勝手に規則を設けることが禁じられた。ここから、警察が湯屋を管理下に置こうとする意図が読み取れる。

さらに、この取締規則でも防火の注意があった。湯屋には江戸時代から防火的な規制がなされていたが、あくまで「火之用心」という注意のみであった。この取締規則では火焚《ひたき》場《ば》など火元になる設備の資材を木造から不燃物にするよう定めている(工学技術的な進展が背景にあったと思われる)。

湯屋取締規則はこの後たびたび改定されることになるが、規定はより詳細になり、項目を増やしていった。

実際、湯屋取締規則が一八八五（明治一八）年に改定された際、営業に関する手続きが変更されている。湯屋の営業希望者は願書に建設地名や建物の構造、燃料の焚物種類、そして浴場の図面を沿えて区長や戸長の印を得、警視庁に提出する手続きが必要になった。さらに浴場が竣工《しゅんこう》した際には、検査を受け、検査証を受けることでようやく開業できた。開業に際し、警察や行政からのチェック項目がより細かくなったのである。

また、煙突《えんとつ》の厚さと長さも明確に指定され、燃料となる薪などの焚物置場など、火気を帯びやすい場所への注意が細かくなっている。さらに、薪などを燃やすことで生じた灰や消炭の扱いもより詳細に規定されるようになっていった。

都市計画のなかの防火対策

なぜこのように、防火について事細かに注意されるようになったのか。その背景には、東京の火災対策とそれに関連する都市計画がある。

明治初期、火事による焼失家屋数は現在よりもはるかに多かった。東京では一八七九年の日本橋の大火や一八八一（明治一四）年の神田の大火など、焼失家屋数が一万軒を越える年もあった。[5] 木造家屋が密集した地域では、強風などで火が回ると消防が追いつかず、広域が火災の被害にあった。そのため、都市の防火対策は早急に進められるべき懸案事項だった。

二つの大火以前の一八七二(明治五)年から、火災が頻繁に生じていた日本橋、神田、京橋を中心に、防火計画によって都市のつくりが規定されていく。防火計画としては、一八七二年の「銀座煉瓦《れんが》街計画」、一八七三(明治六)年の「神田福田町火事跡地計画」、一八七八年の「火災保険制度計画」、一八八〇(明治一三)年の「日本橋箔屋《はくや》町火事跡地計画」、一八八一(明治一四)年の「神田橋本町スラムクリアランス計画」「東京防火令」が挙げられる。[6]

これらを眺めると、防火政策としての都市計画は明治一〇年代に集中していることがわかる。[7] なかでも湯屋取締規則と関係していると考えられるのは「東京防火令」だろう(「東京防火令」とは、東京府布達「防火線及屋上制限規則」のこと)。これは一八七九年の「湯屋取締規則」と、その改定(一八八五年)のちょうど間に定められた規則だった。

東京防火令では、火災による延焼を防ぐために都心の主要街路と運河沿いを「防火路線」と定め、その防火路線に面した家屋のつくりを、煉瓦造、石造、土蔵造などの不燃物によって改修するよう定めている。[8] 火災が大規模化するのは木造建築の家屋が多いことが原因のひとつと考えられており、外国人技師による助言などにもとづいて、防火線と定めた主要街路を不燃物にすることによって、火災をくい止めることが目的とされたわけである。

一八八三（明治一六）年には布達「燃質物置場規則」が制定された。これは防火路線と指定された場所に、燃料となる物質を置くときの規定である。一八八五年の湯屋取締規則では、燃料置場や燃やした後の灰の扱いに関する細かな規定があり、関連性が高いといえるだろう。この法規制からも、湯屋は明治初期も江戸期から継続して火事の火元リスクとして考えられていたことがうかがえる。湯屋にそのような注意がなされたのは、東京全体での防火対策を行政が行おうとしていたことと無関係ではなく、明治初期の「湯屋取締規則」は防火対策の側面が非常に強かった。

そしてこうした防火対策により、東京における大火は大幅に減少していった。[*9]

柘榴口はなぜ廃れたか

話を湯屋のつくり（構造）の規制に戻そう。

江戸時代と明治時代の湯屋のもっとも大きな変化は、第一章で述べた柘榴口の構造（内部が薄暗い半浴半蒸し風呂）から、現在のような湯に浸かる浴槽のある明るい浴室になったことだと思う人は多いのではないだろうか。しかし実のところ、江戸時代に主流であった柘榴口という構造がどのようにして浴槽に浸かるかたちの浴場へと変化していったのかは、はっきりとわかっていない。

先ほど取り上げた岡本綺堂の「明治時代の湯屋」は、明治二七、八年頃から明治三七、八年頃、日清戦争から日露戦争の間十年頃のことを思い出して記述されたものだが、そのなかで柘榴口について書かれている箇所がある。

> 浴槽は高く作られて、踏み板を越えて這入《はい》るのが習《ならい》で、その前には柘榴口《ざくろぐち》というものが立っているから、浴客は柘榴口をくぐり、更に踏み板を越えて浴槽に入るのである。柘榴口には山水、花鳥、人物など、思い思いの彩色画が描いてあって、子供たちを喜ばせたものであるが、何分にもこの柘榴口が邪魔をするので、浴槽の内は昼でも薄暗く、殊《こと》に夜間などは燈光《とうこう》の不十分と湯気との為に、隣の人の顔さえもよくは見え《ママ》分からず、うっかりと他人の蔭口《かげぐち》などを利いていて、案外にもその噂の主がうしろに聴いていたと云うような滑稽を演ずることもあったが、明治二十一二年頃から今日の

ように浴槽を低く作ることが行われ、最初は温泉風呂などと呼んでいた。この流行は先《ま》ず下町から始まって山の手に及び、それに連れて無用の柘榴石《ママ》も自然に取払われた。

これをみると、明治二一年頃から「温泉風呂」と呼ばれる、柘榴口ではない現在の構造に近い浴場が現れ、流行していたように見受けられる。管見の限りでは、「柘榴口の廃止」と明文化した法規則は東京などで確認することはできなかった。

では、柘榴口がなくなっていったのは、法的に禁止されたからではなく、明るい温泉風呂が受け入れられ流行し、広がっていったからなのだろうか。

柘榴口というのはそもそも湯屋の構造のことである。構造とはすなわち、入浴する場の採光、換気、給水、排水設備の整備などに関わる問題である。取締規則などで「柘榴口の禁止」と明確に記されているわけではないものの、明治時代の東京では、浴場の構造に関して繰り返し法的に規制されていた。

たとえば、一八七九年の湯屋取締規則では、男女別の浴室に分けることと、火気を扱う場所への言及があった。一八八五年の改定では、構造設備に対する規定がさらに事細かに定められている。一例をあげると、湯屋の営業希望者は営業手続きの願書に浴場の構造と

図面を沿えることが定められている（一八八五年の「湯屋取締規則」は一八九〇〔明治二三〕年に改定）。[★10]

一八八〇年、湯屋の構造が新たに規制された。[★11] たとえば、それまでは火焚場に関する構造制限が重点的に規定されていたが、湯屋取締規則では浴場全体が規制対象として扱われることになったのである。

ここでは、湯屋全体の構造に関わる条項を抜粋して紹介したい。

第十九条

一　浴場は間口五間奥行八間以上とし道敷《みちしき》より六尺以上引下《さ》け石又は煉瓦にて建設すへし但《ただ》し道敷の境界には高さ六尺以上の障塀《しょうへい》を設くへし

（中略）

五　浴槽は男女各別に之《これ》を設け且《か》つ流し場天井の中央に湯気《ゆげ》窓を設くへし

六　流し場の左右に明《あか》り窓を設けたるときは外部より見透ささる装置を為すへし

七　流し場には水槽湯槽を設くへし但《ただ》し浴用に供したる汚水は屋外の下水に流下せしむる装置を為すへし[★12]

一項では、浴場の間口と奥行きの広さ、道敷（道路敷）からの距離、道敷との境界に障害物を置くこと、そして建物を石や煉瓦などの不燃物で建築することを定めている。さらに、五項や六項では、これまでと同様に男女別の浴槽にするだけでなく、流し場の天井に換気や採光のための窓を設置することが規定された。七項では汚水を下水へと流す経路を設けることが新たに規定されている。[★13] あわせて改修には移行期間の猶予が設けられた（一八九〇年の湯屋取締規則の附則には改修締め切りが一八九二〈明治二五〉年一二月三一日までと制定されている）。

一八九〇年の規則で定められたこうした湯屋の大幅な改修の要請には、東京の上水道の整備も関係している。東京市では一八七四（明治七）年から東京市の上水道改良計画が計画され、一八九二年より計画が実行された。上水道の整備によって、東京市内一五区の湯屋九〇〇軒以上が水道を使用することとなった。

この後も東京の湯屋取締規則は繰り返し改定されたが、明治時代を通して、一八九〇年以降は大きな法規則の変化はなかったようだ。一八九七（明治三〇）年に改定された内容はほぼ一八九〇年の内容と同様であった。

湯屋のつくりが江戸期から明治期にかけて、近代衛生的な浴室へと段階的に変わっていったのには、法規制が繰り返しなされたことに加えて、それに呼応した湯屋の対応、それが利用客に受け入れられ流行していくという、三つの要因にあるとみることができるかもしれない。

こうして、湯屋の構造はだんだんと現代の銭湯に近づくかたちで標準化されていった。

地域で異なる湯屋の定義

こうした湯屋に対する規制はどのように全国へと広がっていったのだろうか。

一八七九年に発令した東京の「湯屋取締規則」は日本で最も早い包括的な取締規則だったが、その後他の地域でも湯屋に関する取締規則が定められていく。明治時代中頃までに多くの自治体が「湯屋取締規則」に準じるものを制定した。

たとえば一八八六年（明治一九）年に京都府が定めた「湯屋営業取締規則」[★14]は、営業に関する手続き、湯屋の構造規定（防火の注意）、男女混浴の禁止、裸体が屋外から見えることの禁止、湯に関する規定、防犯、後述する違警罪に該当するものなどの注意がその内容であった。また、この取締規則では営業や廃業などの届け出は警察の所定の手続きで行うことが定められている。

これをみると、京都の湯屋営業は東京と同様に警察の管理下に置かれていたことがわかる。内容も東京の一八八五年の取締規則とかなり共通している。

図2–3　全国の湯屋取締規則

西暦	元号	府県	取締名
1879	明治12	東京	湯屋取締規則
1881	明治14	愛媛	湯屋営業取締規則
1882	明治15	新潟	湯屋取締規則
1882	明治15	山梨	湯屋営業取締規則
1882	明治15	栃木	湯屋取締規則
1883	明治16	岩手	湯屋取締規則
1884	明治17	神奈川	浴場営業規則
1884	明治17	群馬	湯屋取締規則
1885	明治18	大阪	湯屋業取締規則
1885	明治18	島根	湯屋取締規則
1885	明治18	大分	湯屋取締規則
1885	明治18	熊本	湯屋取締規則
1885	明治18	宮崎	湯屋取締規則
1886	明治19	青森	湯屋取締規則
1886	明治19	京都	湯屋営業取締規則
1886	明治19	富山	湯屋営業取締規則
1886	明治19	岐阜	湯屋営業取締規則
1886	明治19	兵庫	湯屋取締規則
1887	明治20	山形	湯屋営業取締規則
1887	明治20	長野	浴場営業取締規則
1887	明治20	山口	湯屋取締規則
1887	明治20	静岡	湯屋取締規則
1888	明治21	福島	湯屋営業取締規則
1888	明治21	福岡	湯屋営業取締規則
1888	明治21	埼玉	湯屋取締規則
1889	明治22	北海道	湯屋取締規則
1891	明治24	長崎	湯屋営業取締規則
1892	明治25	千葉	浴場営業取締規則
1892	明治25	奈良	湯屋営業取締規則
1892	明治25	広島	湯屋営業取締規則

（著者作成）

大正後期の京都市の調査報告では、京都市では明治期になっても湯屋の状況があまり変わらなかったとある。[★15] 江戸時代からの湯屋の構造をそのままにしているところが多く、採光や換気のない構造で、湯槽のなかで垢をおとす客もおり、さらにその湯を頻繁に換えることはなかったという。そうしたなかで、この一八八六年の取締規則以降、しだいに変更されていった。[＊16]

一方で、京都と東京で異なる内容もあった。まず京都の取締規則では、「木拾」や「木拾い人」という言葉がまったく登場しない。[★17] その他、京都では湯屋が「洗湯薬湯（人工鉱泉モ包含ス）鉱泉又ハ蒸湯等ヲ開設シテ入浴セシムル営業者ヲ総称ス」と定義されていた。湯屋には鉱泉や蒸し風呂なども含むと述べていることから、そのような営業形態が実際にあったのだろう。一九二四（大正一三）年の京都市の記録に「風呂屋と云えば家に蒸風呂を据えて営業しているものを風呂屋と云い」とあり、「風呂屋」とは蒸し風呂営業を指していることがわかる。蒸し風呂は一九〇七（明治四〇）年頃までわずかに存在していたようだが、一九一七（大正六）年頃にはなくなっていたようだ。[★18]

京都府が湯屋の定義をわざわざ示したのには、こうしたさまざまな浴場形態があったことが背景にあるのだろう。[★19] 実際、富山、栃木、神奈川など、他の府県（自治体）でも取締規則に湯屋の定義を入れているところはあった。自治体によって湯屋の定義は異なり、温泉や海水浴場を含む地域もあった。湯屋は地域の特色が非常に色濃く現れるものとしてみることもできる。

そして、京都府では「湯の温度を華氏一〇四度(注:摂氏四〇度)までとすること」と、温度に明確な数字を出して規制していたことも東京と異なる点である。京都と同様の注意が大分県や山形県などでもなされていた。背景には当時の「熱い湯に入ること」への注意があったからだと考えられるが、それについては別の章であらためて述べたい。

浴場に入ってはいけないとされた人たち

さらに注目したいのは、京都では、何らかの病気の罹患者《りかん》が利用する薬湯を除いて、湯屋で入浴してはならない人が定められていたことである。一概に禁止されることもあれば、条件つきで禁止されることもあった。

たとえば湯屋での入浴が拒否される対象として、付き添い人のいない老人・幼児、「人の嫌忌する疾患者(梅毒《ばいどく》・疥癬《かいせん》など)」が取締規則に挙げられた。他府県でもこれに類する取締規則がある。

一八八三（明治一六）年の岩手県では、老人や幼児、また衰弱者と判断される人の単身での入浴、乱酔者と確認できる人が拒否の対象とされた。[20] 一八八六（明治一九）年の富山県の規制では泥酔者や世話をする人のいない老人や幼児、その他危険だと判断される病人が入浴拒否の対象となっている。[21] 一八八七（明治二〇）年の山形県、[22] 一八八九（明治二二）年の埼玉県の規制もおおむね同様だ。

江戸時代、江戸では湯屋仲間が病人の入浴を拒否することを申し合わせていた。しかし、明治期の東京では「湯屋取締規則」のなかに、こうした入浴者の制限にあたる条項はない（他の府県で明治期以前、どのような規制があり、湯屋組合でどのように取り決められていたのかについてはさらなる調査が必要）。

このように複数の府県（自治体）で、泥酔者や付き添いがなく一人で入浴するのが難しそうな人（老人や幼児）は断る場合があるということと、病にかかった一部の人の入浴は、禁止の対象となることが定められていた。

具体的な病名を挙げている自治体もあるが、ごく一部である。複数の府県の取締規則では、危険と認められる病人、「忌避すべき」「嫌忌すべき」「厭忌《えんき》すべき」病人が拒否の対象となっていた。判断するのも医師などと明示されているわけではない。

図2–4　入浴の拒否を定めた条項がある府県（※一部表記を現代の用語にした）

年	府県	規則	入浴拒否対象1	入浴拒否対象2	入浴拒否対象3
1883（明治16）	岩手	湯屋取締規則	老人・幼児もしくは衰弱者（単身）	乱酔者	
1885（明治18）	大阪	湯屋業取締規則	看護人のいない老人・幼児	その他危険と判断した病人	
1886（明治19）	富山	湯屋営業取締規則	看護人のいない老人・幼児	泥酔人	その他危険と判断した病人
1886（明治19）	京都	湯屋営業取締規則	人が厭忌する疾患者（梅毒、疥癬の類）	付添人のいない老人・幼児	
1886（明治19）	岡山	洗湯営業取締規則	精神障害などで他人の妨害を行うと判断したとき		
1887（明治20）	山形	湯屋営業取締規則	人が厭忌する病人	看護人のいない、危険と認められる老人・幼児および病人	
1887（明治20）	三重	湯屋取締規則	精神障害者と判断された者		
1887（明治20）	山口	湯屋取締規則	忌避すべき悪症患者	看護人のいない老人・幼児、病人	乱酔者
1888（明治21）	埼玉	湯屋取締規則	看護人のいない老人・幼児	その他危険と判断した病人	
1889（明治22）	群馬	湯屋取締規則	知的障害者・精神障害者	精神障害者と判断したとき	
1892（明治25）	千葉	浴場営業取締規則	泥酔者	付添人のいない精神障害者、老衰者	疥癬、その他伝染しやすい病患者
1892（明治25）	奈良	湯屋営業取締規則	看護人のいない老人・幼児	人が厭忌する病人	その他危険と判断した病人
1892（明治25）	広島	湯屋営業取締規則	看護人のいない老人・幼児	客が嫌悪する病人	危険と判断した病人

（著者作成）

また、千葉県の取締規則では伝染しやすい病人の入浴が禁止されている。これは病を他人にうつさないように、という意味にもとれる。浴場が病の伝染しやすい場であるという認識が背後にあるとも考えられるが、これだけでは定かではない。

明治三〇年頃からは、医師や衛生の専門家によって、湯屋でなんらかの病が伝染するリスクがあるという衛生的な注意が向けられるようになっていったが、それに比べると京都府の「湯屋営業取締規則」などは早いうちに注意が向けられていたといえるだろう。

警察の誕生と湯屋への影響

さて、明治期後半となると、全国の湯屋営業には法的な規制がかけられ、違反した場合の罰則規定も設けられるなど、湯屋はますます警察の管轄下に置かれるようになっていった。それが湯屋をめぐる江戸期と明治期の決定的な違いであり、変化である。

湯屋を警察の管理の下に置こうとしたのはどのような背景があったのか。また、警察にどのように管理されたのだろうか。それにはまず、日本の警察組織の成り立ちが関係している。少し煩瑣《はんさ》になるが、日本の警察の歴史を振り返ってみたい。

近代の日本の警察制度は欧州を基準に作られた。一八六八(明治元)年には警察組織が単独で存在していたわけではなく、警備と治安を担当する軍務官と、犯罪と裁判を担当する刑法官が警察的機能を分担していた。翌年さらに機能を分化させ、地方の警備を主任務とする兵部省《ひょうぶしょう》、犯罪の捜査や犯人の検挙などを掌握する司法的警察的機構である刑部省、「政治的陰謀」の偵察を職務とする（政治警察的な機構の）弾正台《だんじょうだい》という三つの組織が誕生した。[23]

だが、この仕組みは長く続かなかった。一八七一（明治四）年に刑部省と弾正台が廃止され、また兵部省は警察管轄権を持たなくなった。公権力としての警察権を握ったのは、新たに設置された司法省である。警察権は全国的に司法省のもとに統一された。

その後一八七三（明治六）年に内務省が設置され、翌年に司法省警保寮が内務省に移管された。こうして、内務省警保局が全国の警察権を統轄することになり、ほぼ同時期の一八七四年一月には東京警視庁が設置され、[24]同年二月に「東京警視庁職制章程並諸規則」が制定された。[25]

この東京警視庁職制章程並諸規則には、「警保ノ趣旨タル人民ノ凶害ヲ予防シ世ノ安寧ヲ保全スルニアリ」とあり、東京警視庁が「行政警察」という理念を備えていたことが注目される。警察の職務は「権利・健康・風俗・国事」の四つに大別され、明文化されている。一八七五（明治八）年には「行政警察規則」（太政官布達第二十九号）が、東京府をはじめとして他の各府県に公布・施行された。趣意は、前年の「警視庁職制章程並諸規則」と同様で、その職務も前述した四つに分けられていた。

行政警察は犯罪の予防、安全の確保を目的とした。起こった事態に事後的に対応するのではなく、発生を予防することが目指されたわけである。それは、警察が一般行政の領域に介入することを意味し、権限の拡大を意味するものだった。[★26] 警察は当時の人々の生活に対して広範な権限を持っていたのである。

ここに警察が湯屋を管理・統制しようとするねらいがある。男女混浴の禁止や屋外から裸体が見えることの禁止も、警察の幅広い権限での取り締まり対象のひとつになったのである。[★27]

「陋習」をなくせ！

とはいえ、人前で裸体を露わにすることや男女混浴は、近世まで続いてきた日本人の日常的な風景であった。江戸期にも男女混浴はたびたび禁止されてきたが、明治期になって警察がそれを取り締まるようになったのには、幕末から明治時代にかけて来日した西洋人の存在が深く関わっている。
日本人の入浴習慣における男女混浴などは、西洋人からみると、いずれ改められるべきものだと考えられていた。日本の知識人や為政者は、日本を近代国家にするために西洋的まなざしを内面化し、旧来の風習を「陋習《ろうしゅう》」と位置づけ見直して、警察を通して新しい秩序の徹底を図るようになっていった。[28]
そこで作られたのが「違式詿違条例《いしきかいいじょうれい》」である。「違式詿違条例」とは、日常生活の軽犯罪の取り締まりのことである。「違式」とは掟《おきて》にそむくこと(故意の犯罪)、「詿違」とは過《あやま》って罪を犯すこと(過失の犯罪)を意味した。日本初の違式詿違条例は東京で一八七三年に施行され(「東京違式詿違条例」)、以後それぞれの自治体ごとに「違式罪目」と「詿違罪目」が定められていった。[29] 罪目は東京では一八七四年に五九項目、[30] 京都では一八七六(明治九)年に九八項目[31]が定められた。
「違式詿違条例」は、庶民の日常生活に大きく影響を与えた。[32] 軒外へ薪などを積み置くこと、下水にごみを投棄すること、喧嘩や口論など大声をだすことなど、違反とされる行為は細かく規定された。あるいは身体に刺青《いれずみ》をいれる者、春画を販売する営業者、腐敗した食物と知りながら販売する者、病死した禽獣《きんじゅう》と知りながら販売する者も取り締まりの対象となった。この対象に、屋外での裸体の露出や男女混浴を行った湯屋営業者も含まれたのである。

「違式詿違条例」ができた後、たとえば一八七六年には「箱崎町において男女混浴のふろ屋を摘発」と報道されており、[★33]男女混浴の湯屋は摘発されていった。

衛生行政と警察

また警察には、こうした「陋習」の取り締まりとは異なる役割もあった。それは急性伝染病対策など、衛生行政に関わる問題への対処である。

明治初期の警察は、急性伝染病の予防対策や衛生行政と密接に関わっていた。[★34]なぜかというと、明治初期にコレラが大流行したことから、急性伝染病の予防体制の確立、および近代衛生行政の樹立が急務だったからである。

一八七七（明治一〇）年にまず、内務省から「虎列刺《コレラ》病予防心得」が公布された。これは、コレラ対策として海港検疫、患者の届出の義務化、感染した際の交通遮断、消毒、避病院《ひびょういん》（コレラ患者の隔離病院）などについての詳細な規定を設けたものである。この規定によって、コレラの流行を防ぐ検疫と隔離が徹底的に行われた。コレラ患者が発見されるとその家には病名表が貼られて家の前には交通規制が敷かれ、家族や同居人の外出は制限されるなどの処置がとられた。とくに一八七九年のコレラの流行は、地方行政機構の機能を著しく強化したといわれる。

その後も明治時代を通じて、最も重要な衛生行政事務のひとつとして防疫体制が拡充され、それに伴って地方行政の力も強化されていった。一八八二(明治一五)年の東京府下におけるコレラの流行では、予防消毒に東京府だけではなく警視庁も加わっている。東京府庁と警視庁の所轄を調整する東京検疫局も設置されて防疫が行われた。警察のみが対策にあたるという仕組みではなかったものの、東京で実質的に衛生行政を執行したのは警察であった。

明治時代の湯屋の日常

この章では、近代化に伴い湯屋が自治体や警察の管理下に置かれていった歴史を辿ってきたが、最後に明治期の湯屋の風景を、何度か触れた岡本綺堂の随筆「明治時代の湯屋」を通して覗いてみよう。

湯屋取締規則には営業時間の規定もあった。東京の場合、防火的な側面から閉店時間が明示されている。たとえば一八八五年の規則には、浴場は午後十一時限りで閉店すること、風が強い日は時間にかかわらず湯を焚いてはならないことが定められている。

一方、湯屋が何時頃から開いていたのかは、取締規則からは確認できない。ただし京都府の取締規則では「午前四時から午後十二時に限り」とあり、地域によってはかなり早朝から開いていたようである。実際、東京でも早朝から開いていたようで、綺堂は次のように記している。[★35]

朝湯は大抵午前七時頃から開くのであるが、場所によっては午前五時半か六時頃から始めるのもあった。それを待ちかねて、楊枝《ようじ》をくわえながら湯屋の前にたたずみ、格子の明くのを待っている人もある。男湯に比べると女湯は遅く、午前九時か十時でなければ格子を明けなかった。その朝湯を廃止することになったのは大正八年の十月で、燃料騰貴《とうき》のために朝から湯を焚いては経済が取れないと、浴場組合一同が申合せて朝湯を廃止したのである。それが此頃《このころ》は復活して、午前六時頃から開業の湯屋を見受けるようになったが、大体に於《おい》ては午後開業に一定してしまった。

燃料の高騰のため大正時代になくなった早朝からの朝湯が、綺堂がこれを書いている昭和一〇年代には復活していたという記述である。現代のように午後に開ける銭湯が一般的になったのはかなり最近になってからで、かつては朝湯が一般的であったことがうかがえる。

また、現在も端午《たんご》の節句には菖蒲湯《しょうぶ》、冬至《とうじ》には柚湯《ゆず》という風習があるが、そのことについても綺堂は記している。[★36]

五月の節句(四、五の両日)に菖蒲湯を焚き、夏の土用なかばには桃湯を焚き、十二月の冬至には柚湯を焚くのが江戸以来の習《ならい》であったが、そのなかで桃湯は早く廃れた。暑中に桃の葉を沸《わか》した湯に這入ると、虫に喰《く》われないと云うのであるが、客の方が喜ばないのか、湯屋の方が割に合わないのか明治二十年頃から何時か止められて、日清戦争以後には桃湯の名も忘れられて仕舞った。菖蒲湯又は柚湯の日には、湯屋の番台に白木の三宝《さんぼう》を据えてあって、客は湯銭を半紙にひねって三宝の上に置いて這入る。それを呼んで「おひねり」という。即《すなわ》ち菖蒲や柚の費用にあてる為に、規定の湯銭よりは一銭でも二銭でも余分の銭を包むのである。花柳《かりゅう》界に近い湯屋などは、この

「おひねり」の収入がなかなか多かった。芸妓《げいぎ》などは奮発して、五銭も十銭も余分に包むからである。しかも明治の末期になると、花柳界附近は格別、他の場所ではその三宝を無視して、当日にも普通の湯銭しか置かない客がおいおい殖《ふ》えて来たので、湯屋の方でも自然に菖蒲や柚を倹約し、菖蒲湯も柚湯も型ばかりになった。（中略）

菖蒲湯、ゆず湯、盆と正月の貰《もら》い湯、留桶《とめおけ》新調、それらのほかに正月の三ヶ日間は番台に例の三宝を置いて、おひねりを受取る。これは湯屋の所得である。こういう風に数えて来ると、なんの彼《か》のと名をつけて、普通の入浴料以外のものを随分徴収されたようであるが、一年三百六十五日の長いあいだに、そのくらいの事は仕方がないと覚悟して、別に苦情をいう者もなかった。今日に比べると、その当時の浴客は番台《ばんだい》と親しみが深いようであった。番台には今日と同様、湯屋の亭主か女房か又は娘が坐っていたのであるが、顔なじみの客が来れば何とか挨拶《あいさつ》して話しかける、客の方でも何か話しているのが多かった。世の中が閑《のどか》であったせいもあろうが、そんなわけで双方の親しみが深いので、前にいう菖蒲湯その他のおひねりも快く支払われたのであろう。

綺堂の記述からは、菖蒲湯や柚湯の日には、湯屋では「おひねり」としていつもより入浴料を余分に包んで渡す風習があったことがわかる。これは菖蒲湯や柚湯の費用にという心づけでもあったが、明治期末になるとその風習も廃れ、菖蒲や柚を倹約していった。この背景に、綺堂は湯屋の番台と入浴客の距離が遠くなったことを挙げている。

現在でも銭湯によっては菖蒲湯や柚湯など季節湯をしているところはあるが、それらにかかる費用について考えている入浴客がどれほどいるかを考えると、たしかに距離は遠くなったようにも思われる。また西洋近代的な「消費者」という理念が浸透していったようにも考えられる。

「社交場」としての風景

現在では銭湯のロッカーには鍵がついているのが当たり前になっているが、明治期はそうではなかった。湯屋は朝から晩まで開いており、都市部では個人宅に浴室がないのが当たり前だったので、入浴客も多かったことが予想される。そこで問題になったのは盗難であった。[★37]

日清戦争以後の頃から著《いちじ》るしく目立って来たのは、美服を着て湯屋へゆく人の多くなった事である。女客は格別、男客は不断着のままで入浴に出かけるのが普通で、湯屋へ好《い》い着物をきて行くと盗難の虞《おそ》れがあるとも云い、十人が十人、木綿《もめん》物を着て行くのを例としていたが、その風俗が次第に変って、銘仙はおろか、大島紬《つむぎ》、一楽織《いちらくおり》の着物や羽織をぞろりと着込んで、手拭《てぬぐい》をぶら下げてゆく人も珍しくないようになった。一般の風俗が華美に流れて来たことは、これを見ても知られると、窃《せつ》に嘆息する老人もあったが、滔々《とうとう》たる大勢を如何《いかん》ともする事は出来なかった。

それを附目でもあるまいが、湯屋の盗難は多くなった。むかしから「板の間稼ぎ」という専門の名称もあるくらいで、湯屋の盗難は今に始まったことでも無いが、警察から屢々《しばしば》注意するにも拘《かかわ》らず、男湯にも女湯にも板の間かせぎが跋扈《ばっこ》する。それを防ぐために、夜間混雑の際には脱衣場に番人を置くことになったが、大抵は形式的に十四五歳の少女を置くに過ぎず、夜が更《ふ》けると居睡《いねむ》りなどをしているのが多いので、これ等の番人は案山子《かかし》も同様と心得て、浴客自身が警戒するのほかは無かった。湯屋で盗難に逢った場合には、その被害者に対して営業者が弁償の責を負うと云う事になったが、それも殆ど有名無実で、所詮は被害者の泣寝入りに終った。それでも湯屋へ美服を着てゆくのは止まなかったのである。

綺堂は、日露戦争以降から美しい衣服、着物を着て湯屋に行く人が増えたと述べており、当時の風俗が華美になってきたことと関連づけている。それと同時に湯屋の盗難が増え、盗難の際には営業者が弁済することになっていたものの、実際には盗難にあった客は泣き寝入りするしかなかったという。現代でも似たような状況はありそうである。

また、明治期の湯屋は社交場としての役割があった。[★38]

夜は格別、昼間は入浴の客も少く、番台にぼんやり坐っているのも退屈であるので、大抵は小説や雑誌などを読んでいる。その読物を貸してくれる客も多かった。貸してくれるばかりでなく、又それを借りて行く客もある。つまりは番台を仲介所にして、小説や雑誌の回覧を行っている形であった。一々に見物するわけでもあるまいが、番台の人たちは芝居の噂などをよく知っていて、今度の歌舞伎座はどうだとか、新富座《しんとみざ》はどうだとか云って話した。したがって、湯屋や髪結床《かみゆいどこ》の評判が芝居や寄席《よせ》の人気にも相当の影響をあたえたらしく湯屋の脱衣場や流し場には芝居の辻番附や、近所の寄

席のビラが貼られていた。（中略）
昔から名物の湯屋浄瑠璃、湯ぶくれ都々逸《どどいつ》のたぐいは、明治以後も絶えなかった。義太夫《ぎだゆう》、清元《きよもと》、常磐津《ときわづ》、新内《しんない》、端唄《はうた》、都々逸、仮声《こわいろ》、落語、浪花節《なにわぶし》、流行唄、大抵の音曲は皆ここで聴くことが出来たが、上手なのは滅多に無いのも昔からのお定まりであった。それでも柘榴口が取払われて、浴槽内の演芸会はだんだんに衰えた。

湯屋は現代の私たちが想像する以上の社交場であったのではないだろうか。単に近所の人が集まって交流するという程度のものではない。「番台を仲介所にして、小説や雑誌の回覧を行っている形」とあるように、明治期の社交場としての湯屋の基軸には番台があった。番台を中心に交流の場が形成され、多くの噂なども飛びかったことだろう。さらに、芝居の噂や評判が当時の人気に相当影響を与えたとある。東京の風俗や文化において、実は湯屋が無視できない立場を築いていたことがうかがえよう。
また、風呂で歌う人は現代でもいるが、それが明治の湯屋でも多かったことは興味深い。銭湯で歌う人こそ減ったが、風呂で繰り広げられる光景はいまとそれほど変わっていないのかもしれない。

第三章 「風呂好きな日本人」の誕生

――入浴はなぜ美徳になったのか

江戸時代から続いてきた湯屋は、明治三〇（一八九七）年頃までの間に、府県（自治体）による取締規則やそれに応じた湯屋営業者の動きによって、その構造がしだいに変化していった。それは日本の湯屋の風景、入浴の風景がだんだんと変わっていくことを意味していた。

近代以降の環境が変わっていったことは、当然ながら当時の日本人の考え方や価値観にも影響を及ぼした。もちろん、環境の変化だけではなく、来日した外国人からのまなざしによるの外圧も変化の要因になった。本章では、そもそも風呂に入ることについて日本人がどのように考えていたのか、また風呂に入る際どのようなことに注意していたのか、その歴史をもう一度江戸時代から振り返って考えてみたい。

頻繁に湯を浴びてはいけない？

江戸時代には出版文化が栄え、一般庶民にとって読書は身近なものとなっていた。江戸時代の識字率は西洋諸国と比べても高かったとされている。[★1] 幕末に日本を訪れた西洋人は、日本の庶民に読み書きが普及していることに驚いてもいる。[★2]
出版された書籍のなかでよく読まれたもののひとつに養生書があった。養生書とは身体と精神の安定を図るために、病から身を守ることを説くものである。[★3] そもそも「養生」

という概念は中国大陸と台湾、日本に特有のもので、その起源を確定することは難しい。[4]江戸期の養生書は当時の入浴観について垣間見ることのできる数少ない資料である。[5]

そうした調査は昭和前期にすでになされていた。日本初の放射線科医でラジウム療法研究を行った医学者の藤浪剛一は、著書『東西沐浴史話《とうざいもくよくしわ》』のなかで「養生書に載せられた沐浴観」という節を設け、数多くの養生書のなかの入浴の記述を取り上げている。藤浪は「沐浴が本然的に必要であり、健康上からも真面目に遣《や》らねばならぬことから、その知識を満すべき沐浴訓が要求せられた。この沐浴訓は、多くの養生訓に加はつて、数多き書籍が坊間《ぼうかん》に流布《るふ》してゐる」[6]と述べている。まずはこの藤浪の調査と分析を手がかりに、江戸時代の養生書における入浴観を考えてみたい。

江戸時代初期の医師である曲直瀬玄朔《まなせげんさく》の養生書『延寿撮要《えんじゅさつよう》』のなかに「沐浴」の項がある。[7]曲直瀬というと気がつく人もいるかもしれないが、曲直瀬玄朔は曲直瀬道三《どうさん》の養子であり、甥《おい》であった。曲直瀬道三は一六世紀の医師であり、臨床的な治療方法の発展に尽力して「医聖」と称される医師のひとりである。[8]

『延寿撮要』の「沐浴」の説明はまずその定義から始まり、「沐」は「カミアラウ」、「浴」が「ユアブル」という意味と説明された。[9]そして沐浴の作法については、頻繁に髪を洗ったり湯を浴びたりすることへの注意が目立つ。[10]なぜ頻繁に湯を浴び髪を洗ってはいけないのかというと、身体の血の循環が損なわれ、気を消耗させてしまうからだと説明された。大事なのは身体をめぐる気の流れであり、洗髪も含む入浴を頻繁に行うことは気の流れにとってよくないとされたのである。

一六九五（元禄八）年の『通仙延寿心法《つうせんえんじゅしんぽう》』（著者不詳）という養生書でも同様の記述がある。ここでは頻繁に入浴することで身体の皮が薄くなり、毛穴が開いて風寒《ふうかん》が入りやすくなると注意されている。[11]頻繁に入浴することは近世を通して注意の対象であった。

江戸時代の養生書として最もよく知られているのは、本草学者である貝原益軒《かいばらえきけん》の『養生訓』だろう。これは一七一三（正徳三）年に出版されたもので、江戸時代の養生書において最も体系的な内容だとされる。[12]『養生訓』は広い階層にわたる読者を獲得し、これ以降、類似の養生書が多く刊行された。現代でもこの『養生訓』は読まれ続けている。

その『養生訓』にも「洗浴」という項目があり、「湯浴《ゆあみ》はしばしばすべからず。温気過て肌開け、汗出て気へる」という記述がある。湯浴みは頻繁にしてはならない、なぜなら肌（毛穴）を開かせ汗が出て気が減るからだ、という内容である。驚かれるかもしれないが、湯を浴びることで「こういう効能がある」ではなく、「湯を浴びてはいけない」という注意から始まっているのだ。

続いて、熱い湯に入ることは、発汗を促して気を消耗させ、身体に害をもたらすからよくないと繰り返し注意している。そして、熱すぎない湯を少しずつ浴びることで気がよくめぐるようになるというものであった。[★13] 現代の私たちにはピンとこないかもしれないが、江戸時代においては一貫して頻繁な入浴や熱い湯へ浸かることが、身体の「気」を消耗させるものだととらえられていたのである。

『養生訓』の出版とほぼ同時期にあたる一七一五（正徳五）年の『人養問答』という養生書でも「風呂は大温甚し（中略）気を散ず」と書かれている。[★14] そのおよそ一〇〇年後の一八一二（文化九）年の『長命衛生論』という本でも、ほどよく入浴すれば気が循環して身体には毒にならないと[★15]述べられていた。

垢がたまるのはなぜよくないのか

こうしてみると、養生書において入浴とは、体内の気の流れから語られ、注意するべきものであった。ここでもうひとつ注目したいのは、毛穴と垢に関する注意である。

幕末の一八六四（元治元）年に、医師の松本良順《まつもとりょうじゅん》による『養生法』が刊行された。松本良順は長崎で蘭学を学び、将軍の侍医、明治時代にも陸軍軍医総監をつとめた人物[16]で、『養生法』は日本人による最初の欧米医学にもとづく養生論である。[17]
その『養生法』のなかに「浴場」という項がある。ここでは、熱い湯に入ることがよくないとされ、垢を取り除くことが勧められた。垢がたまると肌の「気孔」を塞ぎ「病」につながるとされたからである。[18]
日本の医学史を専門とする鈴木則子によると、江戸期の養生書が頻繁な入浴と熱い湯に入ることに注意を喚起しているのは、むしろ当時の人々の入浴頻度の高さを証明するものだという。また、こうした入浴習慣が普及していた理由に、中世以来の仏教的入浴観の浸透を挙げている。仏教伝来とともに風呂という様式がもたらされたことはすでに述べた。蒸し風呂に入ると発汗する。この発汗が養生と密接に関わっているとみなされたわけである。蒸し風呂に入り、毛穴が開いて、汗とともに全身から悪いものが排出されていくという身体感覚は、当時の人々にとって説得力があったと鈴木は言う。[19]
似たようなことは現代にもあるのではないだろうか。たとえば、現代のサウナブームのなかでも、人々は「整う」「整った」という言葉を用いる。これもまたサウナの身体感覚を的確に表す言葉だからこそ広まり、一般化したのだろう。実際の健康上いいか悪いかは別として、「整う」ことを目指して人々はサウナを利用している。

さらに江戸期では身体感覚に関わる、ある病が関係していたとされる。それは「疝気《せんき》」という疼痛《とうつう》を伴う病であった。この痛みは「冷え」によって激しくなりやすいと思われていた。冷えに対する恐れによって、熱い湯が好まれたというのである。[20]

また、熱い湯のみならず、当時の人々が頻繁に入浴したことについては、そうした身体感覚にとどまらず、内面の精神が関係していたと指摘されてもいる。[21]

一八〇二(享和二)年、山東京伝によって『賢愚《けんぐ》 湊《いりこみ》 銭湯新話《せんとうしんわ》』が刊行された。このなかで年末の湯屋の場面が描かれている箇所に、年末に一年間積み重ねた身体の垢をおとすことは「心の内の欲垢」を洗い流すことだという説明がある。[22] 心の垢とは煩悩《ぼんのう》のようなもので、色欲や金銭欲を意味する。垢は身体に付くものだが、欲は内面に宿るものである。垢をおとすことは、欲をおとすことを意味する。身体の感覚が内面とつながっているのである。

先述の鈴木は、垢のない「清潔な」身体は、欲や煩悩が落ちた「清潔な」心を表しているといい、そうした考え方は都市社会において規範となっていったと指摘する。[23] また、式亭三馬《しきていさんば》の『浮世風呂』には、女性同士で「虱《しらみ》たかり」、「腋臭《わきが》ぷんぷん」などと揶揄《やゆ》の描写[24]があり、その様子をふまえ「不潔な体は実際はどうあれ、格好の揶揄の対象」であり、「清潔な身体が社会的同一性を保証するかのようでもある」という。[25]

とはいえ、ここでいわれる不潔さに対する揶揄がどのようなものなのか、現代の私たちの感覚と同様に考えていいのかについてはさらに考える必要があるだろう。

江戸期からの関心と西洋近代医学の融合

それでは、明治期になると入浴にはどのような注意が向けられるようになったのか。明治初期は、入浴を医療の一部としてもみなす言説が現れた時期だった。医師たちによって医療としての入浴が紹介されたり、どのような入浴方法が身体に適しているかが説明されるようになった。

たとえば、一八七一（明治四）年に刊行された石黒忠悳《いしぐろただのり》の『医事鈔《いじしょう》』がある。[26] 石黒は一八七一年から陸軍医を務め、一八九〇（明治二三）年には陸軍軍医総監となった人物である。彼は治療として湯を浴びることを「浴法」と記した。浴法の種類として「手浴、脚湯、上《じょう》肢浴《しよく》、坐浴《ざよく》、全身浴、硫黄浴《いおうよく》」が挙げられ、[27] これらは治療であるため、病気の症状によって浴法の適温が異なるとされた。これまでの熱い湯に入ることへの注意が、温度という数値、かつ科学的指標によって具体的に示されたのである。

また一八七三（明治六）年に出版された、松寿主人《しょうじゅしゅじん》による『開知日用便覧《かいちにちようびんらん》 初編』では「浴湯《ゆあみ》」という表記で入浴が取り上げられた。このなかでは、具体的な温度が示されて熱い湯に入ることが注意された。さらに、身体に垢をためないようにすることが病を避けるために重要だとも記されている。★28

温度を示しての入浴への注意は、江戸期から継続した関心と、西洋近代医学の受容という両側面が融合したものといえるかもしれない。

大日本私立衛生会の発足

その後一八九七（明治三〇）年頃から、西洋の近代医学・衛生学の観点から入浴や浴場をみる記述が現れるようになる。

そこでまず、医師や衛生の専門家を中心に、一八八三（明治一六）年に組織された大日本私立衛生会について触れておきたい。大日本私立衛生会は明治期の日本の衛生行政の取り組みと無関係ではないからである。

幕末からたびたび流行したコレラは、明治期に入ってからもさまざまな地域で猛威をふるった。第二章でみたように、政府や自治体は急性伝染病に対する検疫や隔離を徹底的に行い、コレラ流行をおさえるべく制度を整えた。国策としては一八八〇(明治一三)年には「伝染病予防規制」が、一八九七年には「伝染病予防法」が制定されている。

しかし、法規制だけで流行がおさえられるわけでもなく、トップダウン的で急な規制は人々から反発を招くこともあった。そこで、急性伝染病の流行を防ぐためには、市井の人々の意識を変えることが求められたのである。

考え方としては、強制するのではなく、自発的に予防する衛生的行動に向かわせることが必要だとされた。人々に衛生の知識を普及させることは、衛生行政を円滑に進めるうえで欠かせないことだった。とはいえ、衛生知識はなかなか人々に根づかない。そこで、「衛生」に関する知識と思想を啓蒙するために発足したのが「大日本私立衛生会」だった。

会頭には佐野常民《さのつねたみ》、副会頭は長与専斎《ながよせんさい》、幹事には松山棟庵《まつやまとうあん》、三宅秀《みやけひいづ》、石黒忠悳といった日本の医学・衛生行政の近代化を語るうえで欠かせない面々が名を連ねている。会の具体的な活動内容は、機関誌『大日本私立衛生会雑誌』の発行、総会員による総会や在京会員による常会の開催、「衛生談話会」「通俗衛生講和会」「通俗衛生談話会」の開催、痘苗《とうびょう》(天然痘の種痘の接種材料、天然痘ワクチンのこと)の製造・全国頒布、「伝染病研究所」の運営である。[29]

大日本私立衛生会は当時の衛生運動を牽引した組織のひとつであったが、会員もまた近代化の最中にいたことには注意しておきたい。彼らによって普及が目指された近代的な衛生思想は、実は近世的な節制や鍛錬を基礎とする「養生」に近いものとしてとらえられていたという指摘があるように、[30]大日本私立衛生会の活動は、近世の「養生」から欧米の近代的な「衛生」へと移行していく過程そのものだといえる。

その機関誌『大日本私立衛生会雑誌』は演説、論説、質疑応答、中外彙報、寄書といった項目で構成されていた。会員を中心とした多くの医師や衛生家が寄稿し、西洋の近代的衛生思想や伝染病対策が紹介された。

風呂や浴場との関わりで述べておくと、この機関誌が一八八三年五月に刊行されてから、一九二三(大正一二)年一月に『公衆衛生』と誌名が変更されるまでの四六〇号のなかで、入浴や浴場に関する記述は多いとはいえない。ただし、入浴に対する価値観の変遷をわかりやすく示す資料となっている。

同誌が初めて入浴について取り上げたのは、一八八四(明治一七)年刊行の第一四号である。柴田承桂《しばたしょうけい》[31]による「第二総会海外衛生上景況ノ報道(前号ノ続《つづき》)」という記事であった。

このなかで、一八八三年にベルリンで開催された衛生博覧会の陳列物品のなかに「衣服及ヒ皮膚保護沐浴」という項目があったと紹介されている。[32] 明治前期に海外の衛生事情として入浴や浴場が取り上げられることはめずらしいことではなく、[33] それが自国の入浴習慣をとらえなおすことにもつながっていた。

では海外との比較のなかで、日本の入浴習慣はどのようにみなされるようになったのだろうか。

明治三〇年という転機

現代の日本人の多くは、海外に行き宿泊先にシャワールームしかないとき、風呂に入りたい（湯に浸かりたい）と思うのではないだろうか。宿泊施設の口コミサイトなどには、風呂に関するものも多い。こうした素朴な感覚にもとづいて、日本人は風呂や入浴が好きだとごく当たり前に認識されているかもしれない。

しかし、このような感覚は比較的新しいものである。明治二〇年頃までの『大日本私立衛生会雑誌』でも、欧米の知識や衛生習慣を紹介するのみで、この時点では日本人が入浴を好むという記述はみられない。

変化が生じるのは明治三〇年代に入ってからである。

一八九七年刊行の第一七二号に、「沐浴の沿革及《および》其衛生上の必要」という記事（無記名）がある。記事は次のように始まる。[★34]

我那《わがくに》にては古来沐浴の美風ありて下等社会と雖《いえど》も概《おおむ》ね毎月数回入浴せざるなし、之《これ》に反して欧州諸国にては下等社会は勿論《もちろん》上流社会にても日常入浴することは稀《まれ》なり、されども入浴の衛生上必要なるは争ふべからざる所なるを以て近来公衆衛生の発達と共に浴場の設置せらるるもの多し、近着の欧字雑誌を閲《けみ》するに彼地沐浴の沿革を叙し衛生上入浴の最も最も緊要なることを記せるものあり。

冒頭から、日本には古くから「沐浴」という美しい風習（風俗）があるという記述である。「これに反して」欧州諸国はそうではない、どんな階級の人も入浴することはまれであると、明確に日本と欧米を比較している。

一方で、「欧州諸国」では入浴が衛生上必要であり、浴場が設置されつつあると述べている。[★35]つまり日本の「美風」は、欧米諸国と比較して示されているのだ。

記事は次のように続く。[36]

其体外に滲出《しんしゅつ》する所のものは常に皮膚面に附着《ふちゃく》して有害成分を有し、動《やや》もすれば伝染病毒感染の媒介となることあり、故に此《この》有害成分を脱却せんと欲せば温湯に浴するの外《ほか》に其手段あるべからず、

身体の外ににじみ出るものとは汗や垢のことだと推測されるが、これらは有害な成分を持つため、ともすれば伝染病の感染の媒介となることがある。この有害な成分を取り除くため、温かい湯に入るほかないと、入浴の必要性を強調している。加えて、「健康を増進」するために入浴する者は多く、清潔な湯を使い身体を温め、皮膚を石鹸《せっけん》で洗い清潔にする必要があると説かれている。[37] これは当時、身体を石鹸で洗うことがイギリスやフランスなどのヨーロッパ諸国やアメリカで勧められていたためである。[38]

この記事は、欧米諸国との二重の比較から日本の入浴習慣を位置づけようとしている。ひとつには、欧米に比べて日本には入浴習慣が古くから存在していること、もうひとつには近代公衆衛生の考え方が進んでいる欧米で、入浴習慣が衛生的でよいものだと考えられ

ていたことである。日本には欧米と比較して入浴という美しい風習があるという主張は、欧米の衛生知識を基盤とするからこそ成り立つといえるだろう。

入浴を好む日本人という記述は、その後の機関誌のなかでも何度か登場する。たとえば、一九〇二(明治三五)年刊行の第二三四号には「入浴装置の改良を望む」という記事がある。「日本人は世界中最も多く入浴を好む」という記述から始まり、「其身体を清潔ならしむると云ふの点に於いては異議なし」と述べられている。[39] この記事を寄せたのは亀井重麿《かめいしげまろ》という人物であるが、別のアプローチで浴場に対する言及もしており、後ほど紹介したい。

「入浴好きな日本人」という言説はなぜ生まれたか

さて、なぜ明治三〇年代に入って「入浴好きな日本人」という言説が現れたのだろうか。その理由や背景をひとつに絞ることは難しく、いくつかの要因があると考えられる。

ひとつに、明治三〇年は、明治一〇年代や明治二〇年代と大きく異なっている点がある。明治元年に生まれた子どもは明治三〇年には三〇歳である。つまり、明治三〇年とは明治になってから生まれた人々が社会構成上の労働力の主力になり、江戸時代を知らない人々が社会の主流になりつつあった時代である。

ここにひとつの文献を紹介したい。一八八八（明治二一）年、福地復一《ふくちふくいち》[40]という人物によって書かれた『衛生新論』である。[41]出版の理由として、当時「衛生」領域で新説が登場している一方で、日本ではまだこれらの新説を編纂《へんさん》した衛生書がないことがまず挙げられる。しかし従来の書籍は欧米の事例に依拠しているのみで、日本人の習慣に合うものになっていない。そこで最新の学説を取り入れつつ、日本に適した事例を紹介するために本書を編纂したと説明している。[42]

同書には「澡浴論《そうよくろん》」という章に、入浴に関する具体的な言及がある。[43]身体の清潔に注意しないと、皮膚の気孔を塞ぐことになり皮膚病になる恐れがある（だからこそ入浴しなければならないという）。さらに、欧米の上流階級を除く人々の入浴の回数が少ないが（月に一回、あるいは隔月に一度の頻度である）、日本には「公浴場」[44]が至るところにあり、身体を「清潔」にしていると述べられている。

そのうえで、これに続いて次のような記述がある。[45]

衣服其他ノ清潔ニ注意スルトキハ決シテ西洋人ノ称スルガ如ク東洋人種ハ不潔ナリトノ嘲笑《ちょうしょう》ヲ受クルコトナカルベシ

衣服その他を清潔に保つことに気をつけていれば、「西洋人」から「東洋人種」は不潔だと馬鹿にされることはないというものだが、これは西洋の人々からアジア人は不潔だと嘲笑されたことが当時あったということである。

だからこそ、西洋では月に一度、あるいは二ヶ月に一度という頻度でしか入浴していない一方で、日本には各地に「公浴場」があり、身体を清潔にしていると説明するのである。「東洋人種」は不潔だと言われた背景があったからこそ、欧米と比較して日本の入浴習慣を示し、それを「清潔」であると述べたのではないだろうか。

黄禍論との関わり

さらにこのことは、日清・日露戦争を契機に日本がどのように諸外国(とくに欧米列強)からみられていたのかという点にも関わってくる。

欧州では一九世紀末からアジア圏(中国や日本)の人種が欧米圏の白人や国家にとって脅威になるという黄禍論《こうかろん》が唱えられ始めた。黄禍論が当時の日本の知識人に大きな影響を与えたことはいうまでもなく、軍医で作家の森鷗外なども批判を行っている。先に挙げた西洋と日本の比較の議論からすると、欧米からの日本に対する偏見があり、それに対抗するからこそ、日本に古くからある入浴習慣が注目されたと考えられるかもしれない。

日本人は入浴を好む清潔な国民（民族）だという言説が一九〇〇年前後に数多くみられるようになったのは、衛生領域のみではない。

たとえば、一九〇七（明治四〇）年の芳賀矢一《はがやいち》『国民性十論』には、日本人の「美風」として「清浄潔白」が挙げられた。一九一一（明治四四）年の福田琴月『家庭百科全書　衛生と衣食住』には、日本には古来沐浴を行う「美風」があって、どんな階級でも毎月数回は入浴するが、欧米諸国では上流階級でも日本人のように頻繁に入浴しないと述べられている。[46]

時代は少し下るが、一九一六（大正五）年の『大日本私立衛生会雑誌』四〇二号にも、「世界で我国民位入浴を好むものは他にありませんでせう。入浴によつて身体の清潔を保つといふことは衛生上から見て大層良いことです」という記載がある。[47]

日本と欧米とを比較して日本人を清潔だとする認識は、大正期以降にも継続していった。この認識は前述のように、やや捻《ね》じれた構造がある。それがどのように展開していくかは、別の章にあらためたい。

入浴装置を改良せよ

さて、『大日本私立衛生会雑誌』で、日本人には古来入浴というよい習慣があるという記述が現れたのとほぼ同時期に、別の視点による記事も現れ始めた。それは、日本の入浴する場の衛生状態を問うものであった。

そのひとつを取り上げよう。一八九八(明治三一)年刊行の『大日本私立衛生会雑誌』第一八四号の「質疑応答」で、回答者は、理髪店や浴場で「病毒」を伝染しないようにするための簡便な予防方法が言及され、「浴場は西洋風に改良すれば病気伝播の憂《うれい》少なし」と答えている。とはいえ、記事のなかでは「西洋風」の浴場についての具体的な記載はない。

伝染しうる病として想定されたのは肺結核やハンセン病などであった。とくに肺結核の対策として、客が浴場の床に痰《たん》を吐かないよう、痰容器を設けるべきだと回答されている。[48] 実際にこれは警察でも推奨されており、一九一二(大正元)年の『警官実務必携』[49]には、湯屋営業者に対して浴場の適当な場所に痰を吐くための容器(痰壺《たんつぼ》)を設置しない者、その痰壺内に消毒剤や水を入れていない者、痰壺の中の痰唾《たんつば》を適切に消毒せずに投棄する者を注意するよう書かれている。[50]

すでに紹介したように、一九〇二年に「入浴装置の改良を望む」という寄書が、会員の亀井重磨から寄せられていた。亀井は水道に関する土木工学の専門家で、私立攻玉社《こうぎょくしゃ》で[★51]土木技術を学び、横浜水道や横浜築港、東京市水道、大阪市水道などの水道事業に従事した人物である。亀井はこの記事のなかで、日本の「入浴の装置」が「不完全」で「不潔」であるがゆえに「種々の伝染病を伝播《でんぱ》」する場合があると指摘した。[★52]

ここで問題とされた「入浴の装置」とは、すなわち湯屋の浴槽のことである。なぜ湯屋の浴槽が問題にされたのか。亀井は次のように説明している。[★53]

終始同一なる湯中に幾百人も入るものなれば（中略）午後に至れば湯色全く混濁し、漸々《ぜんぜん》不潔の度を高め遂《つい》に一種の異臭を放つに至る（中略）不潔なる湯中に沐浴するは身体を清浄ならしむるにあらずして寧《むし》ろ不潔ならしむるの傾向あり

ひとつの浴槽を多人数で共有すると（亀井は幾百人と述べており、庶民の個人宅に浴室がないことを踏まえると現実的な数字だろう）、時間がたてば湯が汚れるというのである。そうして湯が不潔になり、その湯に浸かれば、身体を清潔にするどころか不潔になる。

では、こうした「入浴装置」をどのように改良すべきか。

彼の欧米諸市に行はるる如く一個の浴槽にて一人づつ沐浴せしむるの装置数十室を置きて浴客の更迭《こうてつ》する毎《ごと》に其槽を洗浄し新《あらた》なる湯を注入して入浴せしむる

欧米諸市ではひとつの浴槽に一人ずつが入る仕組みをとっており、そのような浴室が数十室あると述べている。[★54] 亀井は水道事業に深く関わったことから、当時のイギリスの影響を受けていたことが想像されるが、具体的な都市名は挙げられていない。

ただ、ここで述べられているような、ひとつの浴槽に一人ずつ入り、客が入れ替わるたびに浴槽を洗浄する仕組みのある浴場は、実際にイギリスやドイツに存在した。労働者に対する個室シャワーである。またフランスではひとつの浴槽（バスタブ）を一人が使用し、使用した後は水洗いし、別の人が使うという仕組みをとっているものもあった。亀井は、欧米には日本のものとは異なる非常に清潔な入浴装置があることを知っていたと思われる。日本も同様にすれば湯を不潔にせず、入浴習慣が本当の意味で清潔だといえると考えていたのかもしれない。

浴場の水質を改善するために

このように明治三〇年代以降は、日本で浴場の水が汚いとみなされ始めた時期でもあった。入浴習慣は衛生的によいことだという意識が現れたからこそ、その習慣の場が問題とされたのである。

一八九九（明治三二）年刊行の『大

日本私立衛生会雑誌』第一九三号には、医学士の野田忠廣《のだただひろ》による論説「水と衛生」が掲載された（図3−1）。この記事では、水が生活に重要であり、水の衛生上よい点と害を及ぼす点や、水をどのように使用すればよいかが論じられた。

とくに水が害を及ぼす点としては、水がコレラや赤痢《せきり》、腸チフスなどの伝染病流行の主因になることが挙げられた。そして、水質調査を行うことや、飲用でなくても水を煮沸《しゃふつ》して使用することが主張されている。[★55] 水によって病が伝染する機会として、飲食物などとともに沐浴も挙げられた。水には病を伝染させる側面があり、だからこそ「不潔さ」を計る

大日本私立衛生會雜誌第百九十三號　(1)

大日本私立衛生會雜誌第百九拾參號　（明治三十二年六月廿五日發行）

論説

●水と衛生　醫學士　野田忠廣

水と云ふ問題に就きましては是迄諸君が度々御聞きになつて或は既に御聞飽になつて居らうと推察いたしますのでありますが、水と衛生との關係たるや最も重要なる事柄であつて、水が我々の生命であるか、我々の生命が水であるか、水と生命との輕重を比較することの出來ない程人間の生活に肝要なるものでありますから、何遍繰り返して諸君の御耳に入れました所が敢て無益でなからうと考へますので、有り振れたる問題の下で一二卑見を述べやうと思ひます

私は此事を述べまする順序に就きましては、先づ第一水が如何なる度に於て我々の生活に肝要であるかと云ふことを述べ第二には此肝要なる水が如何なる重大なる關係を衛生の上に及ぼすか即ち如何なる害を我々に與ゆるかと云ふことを述べ、終りに水の効用をして少しも我々が害を蒙むることなく之を全からしむるには如何なる方法を我々が講じなければならぬか即ち衛生上如何なる點に注意をしな

第十七年次　論説　四二五

図3−1　野田忠廣「水と衛生」（『大日本私立衛生会雑誌』第193号）

ために水質検査が行われるようになったのである。

水質検査は飲料水だけでなく、浴場の湯も対象となった。そうして明治四〇年頃からは、浴場の湯に対する検査報告がさまざまな雑誌に掲載され、共有されるようになる。

湯屋の水質検査——湯はどれほど汚れていたか

浴場の湯に対する検査報告は『日本衛生学会雑誌』や『大日本私立衛生会雑誌』などの雑誌に掲載された。こうした報告のなかでは、水質検査にあたった者がいかに浴場の湯が汚れているかを強調する傾向がある。
たとえば、東京医科大学衛生学教室の河石久造によって「東京市ノ公衆浴場ノ衛生学的検査ニ就テ」という報告が一九一四(大正三)年、一九一五(大正四)年に継続して掲載された。[★56]
この検査は河石が一九一〇(明治四三)年に東京市の公衆浴場を対象に行ったものである。[★57]
まず東京市内の公衆浴場五軒を、湯の汚染度、細菌数、湯の温度、湯の温度と病原菌の関係という点から調査した。[★58]三日間の検査日のうち男湯、女湯、上がり湯のいずれも、もっとも湯が汚れるのは夜という結果で、細菌数の検出結果が報告されている[★59](図3-2)。
さらに、東京市内の公衆浴場の湯の温度や湯の性質(殺菌の有無など)と病原菌との関係について調査された。★60 この検査では、湯の殺菌が実際に有効なことがあらためて確認された。

こうした浴場の水質検査が行われるようになると、さらに入浴の際の具体的な注意が現れるようになる。たとえば、衛生家の松下禎二《まつしたていじ》による『衛生百話』が一九一八（大正七）年に刊行された。★61 このなかに「湯屋を改良せよ」という章がある。そこでも湯の細菌数の調査が紹介されている。その調査では、井水《せいすい》（井戸水）、誰も入浴していない湯、一人が入浴した湯、一〇人が入浴した湯、二〇人が入浴した湯における細菌数が比較された。結果は井水がもっとも少なく、湯については想像される通り、入浴人数が増えるほど細菌数も増加していた。

著者の松下は、細菌を増加させないために次のことを提案している。まず、浴槽は陶器か金属製にすること、入浴の後に上がり湯を行うこと、入浴者はなるべく一番風呂に入る

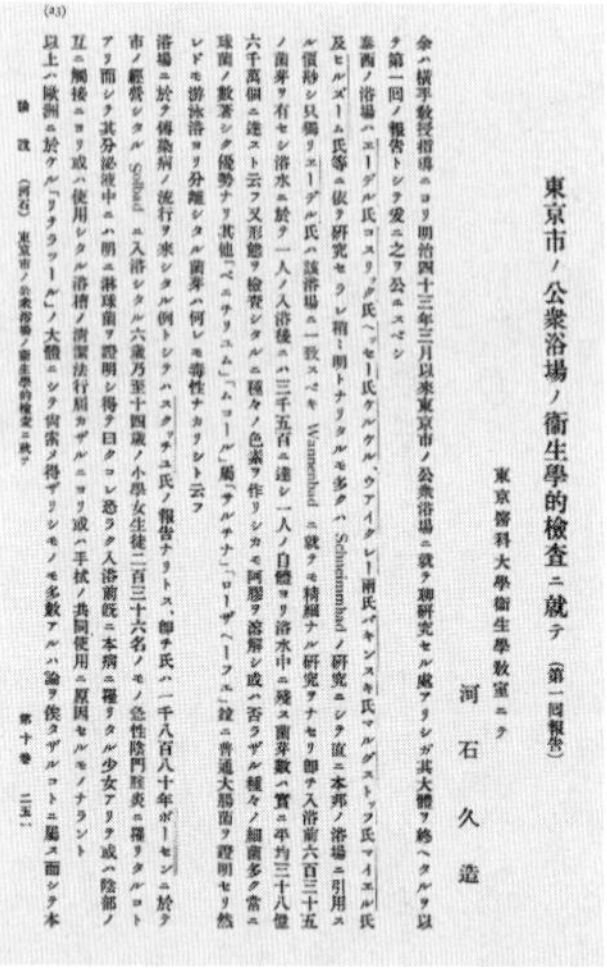
東京市ノ公衆浴場ノ衛生學的檢査ニ就テ（第一回報告）

東京醫科大學衛生學教室ニテ　河石久造

余ハ横手教授指導ニヨリ明治四十三年三月以來東京市ノ公衆浴場ニ就テ聊研究セル處アリシガ其大體ヲ終ヘタルヲ以テ第一回ノ報告トシテ爰ニ之ヲ公ニスベシ

泰西ノ浴場ハエーゲル氏コスリック氏ヘッセー氏ゲルゲル、ウアイクレー兩氏イキンスキ氏マルグストップ氏マイエル氏及ヒルズーム氏等ニ依テ研究セラレ稍〻明トナリタルモ多クハ Schwimmbad ノ研究ニシテ直ニ本邦ノ浴場ニ引用スル價少シ只獨リエーゲル氏ハ該浴場ニ一致スベキ Wannenbad ニ就テモ精細ナル研究ヲナセリ即チ入浴前六百三十五ノ菌芽ヲ有セシ浴水ニ於テ一人ノ入浴後ニハ三千五百ニ達シ一人ノ自體ヨリ浴水中ニ殘ス菌芽數ハ實ニ平均三十八億六千萬個ニ達スト云フ又形態ヲ檢査シタルニ種々ノ色素ヲ作リシカモ阿膠ヲ溶解シ或ハ否ラザル種々ノ細菌多ク常ニ球菌ノ數著シク優勢ナリ其他「ペニチリユム」「ムコール」屬「サルチナ」「ローザ」「ヘーフェ」竝ニ普通大腸菌ヲ證明セリ然レドモ游泳浴ヨリ分離シタル菌芽ハ何レモ毒性ナカリシト云フ

浴場ニ於テ傳染病ノ流行ヲ來シタル例トシテハスタッチユ氏ノ報告ナリトス、即チ氏ハ一千八百八十年ポーセンニ於テ市ノ經營シタル Soolbad ニ入浴シタル六歳乃至十四歳ノ小學女生徒二百三十六名ノモノ急性陰門膣炎ニ罹リタルコトアリ而シテ其分泌液中ニハ明ニ淋球菌ヲ證明シ得テ曰クコレ恐ラク入浴前既ニ本病ニ罹リタル少女アリテ或ハ陰部ノ互ニ觸接ニヨリ或ハ使用シタル浴槽ノ清潔法行屆カザルニヨリ或ハ手拭ノ共同使用ニ原因セルモノナラント

以上ハ歐洲ニ於ケル「リテラツール」ノ大體ニシテ實索メ得ザリシモノモ多數アルハ論ヲ俟タザルコトニ屬ス而シテ本

論説（河石）東京市ノ公衆浴場ノ衛生學的檢査ニ就テ　第十卷

図3–2　河石久造「東京市ノ公衆浴場ノ衛生学的検査ニ就テ」

こと、手ぬぐいは湯屋では借りず自分のものを用いること、備え付けの洗面桶ではなく自らのものを携帯し使用することである。[62]ただ、これらも実際に行える人は少なかっただろう。

浴場の湯の汚れは、さらに都市空間のさまざまな場に注目するかたちで検証されていく。

どの地域の湯が汚れていたか

本章の最後に、ひとつの調査を紹介しておきたい。

一九二三（大正一二）年に刊行された雑誌『国民衛生』第一一号に、大阪市立衛生試験所の技師である原田四郎と岡本芳太郎による「公衆浴水の衛生学的調査」が掲載された。注目したいのは次の記述である。[63]

吾吾《われわれ》は沐浴に依《よ》りて身体を常に清浄に保ち得るのみならず、沐浴は一時皮膚の血液循環を増進し、又従《したがい》て入浴中及び入浴後に於ける新陳代謝《しんちんたいしゃ》作用を旺盛にして（中略）疲労を回復せしむるが如し。

沐浴（入浴）は身体を清潔にし、血液循環を促し、疲労を回復させるという意義が述べられている。[★64] さらに、浴場の検査を行う理由として、日本国民には入浴習慣があり、日常生活のなかで公衆浴場が切り離せないものであることが明記された。[★65] 加えて村井や河石の、公衆浴場などの浴水に対して行った検査を考察し、紹介している。[★66]

原田・岡本による検査は、大阪市と大阪市に接続する町村の公衆浴場に対して行われたものだった。どのような浴場が検査対象となったのだろうか。まず市内はいくつかの区域に分けられた。「比較的富裕なる人士の住居する地域」「遊廓地内の難波《なんば》新地」「商業の殷《き》盛《せい》なる市街」「貧困者の多き場末」「小工業の多き方面」である。[★67] そのうえで、それぞれの浴場組合に相談し、汚染度が普通だと思われる五軒の浴場が選定された。そして市に接続する町村から六軒の浴場が選出された。

さて、調査結果はどうだったかというと、細民地域・市接続町村の浴水は富裕地域、遊廓地の浴水と比較して数倍汚れているという結果であった。これは住民の多くが「一般労働に従事」していることが関係しているだけでなく、個人の入浴回数が少ないことも影響していると述べられている。

注目したいのは、とくに多人数の家族において入浴料の負担は軽視してはならないと述べている点である。[★68] 入浴回数の少なさと入浴料の負担の大きさは、労働者の入浴の問題として大正期にとりわけ取り上げられた点であった。

この調査では、調査する対象がどのような性格の地域を明確にして検査した点が特徴的である。そして、細民地域の浴場の水の汚染度が高いことが数字をもって示され、「細民」が暮らす地域には人口数に比べ浴場が不足しているので、市設の浴場を設置することが推奨された。

このような観点は、大正期に大きく進展した、社会事業の一環で作られた公設浴場の設置の目的と実は共通していた。

第四章　日本の新しい公衆浴場

――欧米の公衆浴場運動と日本の入浴問題

明治期以降、制度化や近代化によって日本の入浴や公衆浴場の風景は大きく変わっていった。このことに海外からの影響が大きかったことはすでに述べたとおりである。

本章で注目したいのは、公衆浴場という入浴施設そのものも、西洋からの影響を大きく受けてきた、ということである。前章で、亀井重麿という人物が日本の銭湯の湯水の不潔さに注意を向け、「西洋風」の浴場を推奨したことに触れたが、亀井のような衛生専門家や知識人たちは、海外を訪れた際にその土地の入浴施設を視察していた。

そこで視察された、日本が参考にしようとした「西洋風」の浴場とはどのようなものだったのだろうか。本章では、欧米の入浴や公衆浴場をめぐる状況についてその歴史を振り返りながら、それが日本にどのように輸入され、根づいていったのかを考えてみたい。

ヨーロッパの浴場はなぜ廃れたか――入浴と身体のイメージの変化

ヨーロッパでは古代から中世頃まで日常的な入浴習慣があった。たとえば古代ローマの頃に公衆浴場が盛んに作られ、利用されていたことはよく知られている。[★1] 人々は身を清潔にするだけではなく、日中の疲れを癒したり、さらに浴場で食事をしたり宴《うたげ》をしたりすることもあった。こうしたことはめずらしいことではなく、浴場は娯楽施設のひとつになっ

ていたのである。一方、中世の浴場は売春宿としての側面を備えていたところもあった。[★2]

しかし中世になると、梅毒やペストの流行によって、ヨーロッパの入浴習慣は大きく影響を受けた。とくに感染症の流行は、人々の身体や清潔のイメージを変化させた。

歴史家のジョルジュ・ヴィガレロはペストの流行によって、身体の表層である皮膚から空気・水を浸透・吸収するという身体イメージが生まれたと指摘している。[★3]皮膚を通して身体に水が浸入するというイメージは、体を湯水に浸からせる入浴という行為を警戒させることとなった。[★4]つまり入浴は、身体の毛穴を開かせ、病気の原因が空気や水を通して身体の内部に入り込むリスクを高める行為だとみなされるようになったのである。

加えて、毛穴が開くことは逆に皮膚を通して身体のなかの物質が放出され、それが身体を弱らせるものとしてもとらえられた。そうしたイメージは医師だけでなく、一般の人々にも共有されていった。こうした身体観の変化に伴って、公衆浴場も病の感染する場としてみなされていったのである。

入浴はもはや安全に行えるものではなくなった。一六世紀から一七世紀にかけて、入浴は「休息、安眠、保護服」とともに行うものとされた。こうした条件で入浴できたのは、たとえば王侯貴族である。彼らは入浴した後、清潔な布に身体を包み、外出せずに休養する時間をとっていた。[★5] 当然ながら、そのような準備ができる余裕のある人々は限られていたので、入浴は多くの人々にとって習慣ではなくなった。[★6]
　また、一五世紀初頭にイギリスのロンドンでは蒸し風呂の営業が禁止されている。[★7] これによって、いっそう一般市民は入浴の機会を失った。感染症の流行とそれに伴う入浴への忌避感が広がっていくなかで、浴場を排除することは都市の規範を維持することにつながったと、前述のヴィガレロは指摘している。[★8]
　加えて浴場の衰退の背景には、当時の宗教改革を含む政治情勢の変化と、それに伴う都市の人々の道徳改革の影響がある。先ほど述べたように、イギリスの浴場の一部は売春を行う場にもなっていた。こうした場所は「悪所」とされた。そうした状況のなかで、一五世紀末に梅毒の流行があり、浴場は病気を媒介する場とみなされたのである。[★9] 梅毒の流行は、浴場が廃れ消滅することを強く促した。[★10] 浴場の存在は、当時の都市における衛生的・社会的な側面から、二重のリスクとして考えられたといえるかもしれない。[★11]
　では、入浴習慣が廃れるなかで、人々は何に清潔さを見出していったのか。それは肌着や衣服であった。たとえば、一六世紀末のフランスの宮廷社会では、真っ白な下着が清潔さを示すものだと考えられた。真っ白な下着の着用は宮廷や上流階級に限られるものだったが、行商人はリネンを広く売り歩くようになり、しだいにイギリスやフランス、ドイツの農民もリネンを買うようになった。[★12] そして、肌着や衣服の清潔さを保つために重視されるようになったのが、洗濯である。人々は洗いざらしの衣服をまとい、洗濯をする場が市民(とりわけ女性)の交流の場になった。

再評価される入浴習慣

ところが、一八世紀になると再び入浴が清潔と結びつけられ、注目されるようになる。その頃のフランスの貴族の身だしなみのひとつとして、鬘《かつら》の装着や化粧があった。鬘はそもそも虱《しらみ》対策のため用いられていたものだが、虱がつくことは鬘だけでは避けられず、衛生的にも問題であった。そうした虱対策のために、定期的に入浴することが有効だと認識されるようになったのである。加えて身体の清潔さは、一八世紀の貴族や中流階級の間では礼儀作法と結びつくものであり、「上品」であることを示すものだった。[★13]

また同時期のイギリスでは、冷水浴が上中流階級を中心に民間療法のひとつとして広まった(ただし、身体全体を水に浸けるための技術の習得が必要だとされた)。こうして、貴族や上流階級を中心に、身だしなみや礼儀作法のひとつとして入浴習慣が再評価されていったのである。

中流階級の間で衛生観が変化していくのは、一八三〇年代以降である。とりわけイギリスの中流階級の家庭で、身体衛生が教化されるようになった。

たとえば肥満は生活水準と関わっていることが認識されるようになり、日々の規則正しい運動が指導されるようになった。イギリスの民間生理学者たちは運動を「理性的娯楽」として位置づけている。また、当時の社会における理想的な人物のイメージは、筋肉質で運動を好み、活気にあふれたあたたかい人柄とされた。そのため、運動は娯楽であるとともに規範とも結びついたのである。[14] 昨今の筋トレブームや、太っている人間は怠惰だと(最近まで)欧米でみなされていたことを考えると、このことは現代にも継続している面があるだろう。

この時期に運動場と並行して、図書館、美術館、そして浴場の建設が推進された。建てられた浴場を利用することも、身体の規範となっていく。こうした規範化が上中流階級を超えて拡大していくのは、公衆衛生との関連が非常に大きいものだった。[15]

とも結びついた。

「大いなる不潔者」the Great Unwashedの発見

ヨーロッパで衛生的観点から見直されていった入浴習慣は、近代の都市の公衆衛生行政とも結びついた。

イギリスの公衆衛生の発展に大きく寄与したエドウィン・チャドウィックは、当時のロンドンの労働者階級・貧困層の疾病の原因に都市の不衛生な環境があるとし、大規模な公衆衛生改革に乗り出した。当時のイギリスの都市は産業革命後の工業化に伴って都市部の人口が大幅に増加していたが、労働者階級は都市の周縁部に居住することが多く、こうした地域は衛生状態が悪かった。

近代はコレラが世界的に流行した時期である。イギリスでは一八三一年から一八六七年にかけて四度の流行があった。[16] さらに発疹《ほっしん》チフスが一八三七年から一八三八年にかけてロンドンを中心に流行している。チャドウィックは不衛生な環境と貧困や疾病との関わりを指摘し、一八四二年に『大英帝国における労働人口集団の衛生状態に関する報告書』を上院に提出した。こうした感染症の流行と公衆衛生改革という過程のなかで衛生対策が強調されるほどに、貧困層や労働者階級の「汚れ」が顕在化するようになっていった。[17]

上中流階級から都市の労働者階級の人々は、どのようにみえていたのだろうか。チャールズ・ディケンズは一九世紀半ばのイギリスを舞台にした小説を数多く残しており、コナン・ドイルの「シャーロック・ホームズ」シリーズなどにも一九世紀後半のロンドンの様子が描かれている。これらの小説には当時の都市の姿がありありと浮かび上がってくる場面が多い。またこの時期、労働者階級が暮らす地区やスラムをテーマにしたルポルタージュが刊行され、調査も行われた。[18] 同じ都市内であっても、多くの上中流階級にとって、労働者階級の人々が暮らす地区は生涯足を踏み入れることのない場所だったのである。

そのため上中流階級からみると、その存在を間接的に知るだけの、スラムに住む労働者階級は、自分たちとまったく異なっているようにみえていたと思われる。実際、労働者階級が身に着ける衣服はぼろぼろで、上中流階級からすると動物のような強烈な臭気をはなっていたという。また、人々は栄養不良により身体が小さく、皮膚病に冒されていることも多かった。こうした都市の労働者階級の身なりなどは、上中流階級から「野蛮」であるとみなされ、「大いなる不潔者」(the Great Unwashed)と呼ばれるようになった。[19]

またアメリカでは、こうした貧困層は潜在的に病気を運ぶ媒介とみなされた。一九世紀末、アメリカの都市部に仕事を求めて流入してきた人々の多くは借家に住むことが多かったが、こうした借家にはほとんど浴室がなかった。そのため借家で暮らす人々は、給水栓などを利用して身体を洗っていたとされる。共同浴室がある住宅も存在したものの、皮膚病の伝染を恐れたことから人々は共同浴室をあまり使用していないことが当時の調査で報告されている。またスラムで暮らす人々は、一年間に六回以上入浴するかどうか疑わしい状態であったともいわれた。[20]

「公衆浴場運動」のはじまり

こうしたなかで、一九世紀末の上中流階級の人々にとって、労働者階級や貧困層を清潔にさせることは、近代都市における喫緊の課題とされた。清潔にさせるとは、常に洗濯した衣服を身に着け、清潔な習慣を根づかせることである。入浴習慣もそのひとつであった。こうした対策は伝染病の予防を意味することでもあり、入浴習慣を啓蒙する活動が、一八二〇年代のイギリスで始まった。これは公衆浴場運動(Public Bath Movement)といわれる。

公衆浴場運動は、当時の中流階級の議会構成メンバーの主導で進められた。

まず一八二八年、イギリスで屋内浴場がリヴァプールに初めて作られた。ここには二つのスイミングプール、小さな飛び込み式の浴場、一一の個人用の浴室、蒸気式浴場などがあったとされる。さらに一八四二年に、リヴァプールでは市営洗濯場に浴場が附設された。[21] 一九世紀後半、公衆浴場と洗濯場の多さは、「清潔さ」を表す指標として位置づけられていたのである。

注目したいのは、そうした公衆浴場運動が進められる過程で、清潔さが「道徳的純潔」の問題として明確にとらえられるようになりつつあったことである。[22] つまり、清潔な人は道徳的であるとみなされたのだ。道徳的とは、たとえば勤勉で節制しているということである。清潔さは健康だけでなく、社会の秩序や規律と結びついた。

では逆に、不潔な状態はどのようにみなされていたのか。衛生的な意味では病を伝染させるリスクとみなされたが、それ以外の意味で、不潔とは「悪徳」につながるものであった。「大いなる不潔者」は病の温床となるだけでなく、「道徳的に疑わしい状態」であるとみなされた。身体を洗わず不潔な状態で過ごすことは、（上中流階級からみれば）「悪徳」な者が横行し、自分たちの秩序が乱されるかもしれないという、社会道徳的な脅威だったのである。[23]

一八四六年には「公衆浴場と洗濯場の設立推奨法」が制定された。これによって、公衆浴場を建てるために市民に課税することが可能となり、イギリスでは一八九六年までに二

○○以上の自治体で公衆浴場が作られた。

ちなみに、リヴァプールで最初にできた公衆浴場にプールがあったのは、当時のイギリスで、健康のためにスポーツが推奨されていたことと関連している。運動を規則正しく行うことは「理想的娯楽」であり、プールはその目的に適っていたのである。当時、公衆浴場のなかにプールが作られることはめずらしいことではなかった。

この時期に作られた公衆浴場は非常に大規模なものが多かった。なかにはホールを併設するものもあった。公衆浴場運動のなかで作られた公衆浴場は、健康のための複合施設であるものも少なくなかった。こうした建物では、入口や設備を上中流階級と労働者階級とで分けるものもあった。ロンドンのNew Lambeth Bath and Washhouses（図4－1）も大規模で、上流階級が使用できる施設としてプールが設けられていた（図4－2）。

イギリス・ドイツの個人浴室、アメリカの河川浴場

こうしてイギリスで始まった公衆浴場運動は、一九世紀後半にかけてヨーロッパやアメリカにひろがっていった。公衆浴場のなかには個人用浴室が設けられることも多かった。イギリスだけではなく、ドイツ・ベルリンでは、入浴するための小さな個室がいくつもあ

図4–1　New Lambeth Bath and Washhouses（Tiltman, A. H. *Public Bath and Wash-houses* [printed by Harrison & Sons, St. Martin's Lane] 1895より転載）

図4–2　New Lambeth Bath and Washhousesのプールのある浴室（Tiltman, A. H. *Public Bath and Wash-houses* [printed by Harrison & Sons, St. Martin's Lane] 1895より転載）

る公衆浴場（People's Bath）があると報告されている。この個室には天井に備え付けのシャワーがあり、アメリカでも同様のものがあった。シャワーについては他の地域の展開も紹介しておきたい。フランスでは当時水をそれほど使わないという習慣があった。加えて、近代のパリではなかなか上水道の整備が進まない状況もあった。[★24]

そこで利用されていたのがセーヌ川である。一八五〇年よりも前のパリの貧民は、夏にセーヌ川で水浴びすることがめずらしくなかった。[★25] 二〇二四年のパリ五輪でもセーヌ川の衛生状態が問題視されたが、当時のセーヌ川の水も清潔といえるものではなく、それでも水浴びせざるを得ない状況があったといえる。

そんなパリでも近代衛生の進展とともに共同浴場が作られたが、それはイギリスの公衆浴場とは異なる面があった。一九世紀半ばにあったパリの共同浴場は富裕層やブルジョワジーのためのものであり、贅沢な内装が施され、入場料は高価であった。これは当然ながら、労働者や貧困層が利用するものではなかった。

そこで、フランスの社会改革者たちが公衆衛生の教育に力を入れるようになり、その過程で労働者向けの公衆浴場も作られていく。浴場には洗濯場が附設された。パリではこうした洗濯場のほうが成功した。人々は衣服を清潔にすることが重要であると考えており、身体を洗うよりも衣服を洗うことを重視していたからだとされる。中世の名残《なごり》やカトリックの影響もあったのかもしれない。また、一九〇〇年代初めにドイツからシャワーが輸入されて以降、フランスではシャワーの受容が進み、市営のシャワー室が設けられるようになった。[★26]

大陸を隔てたアメリカでは、ヨーロッパとはまた異なる公衆浴場が作られたことにも触れておこう。

公衆浴場という建物は大規模なものもめずらしくなく、建設には大きなコストと労力が必要だった。そのため、簡易的なものも作られた。川などの水辺の一角を利用した河川浴場（Floating Bath）がそれである（図4-3）。なかには海水浴場のような賑わいをみせるところもあった。ボストンでは一八六〇年に河川浴場が作られている。ニューヨークでは、貧困層に無料で河川浴場を開放するところもあった。[★27]

とはいえ、河川という自然を利用するものであるがゆえに冬には使用できないなど、河川浴場は一年のうち期間限定でしか利用できなかった。また入浴するには清潔といえないところも多く、建物として浴場を設けることが推奨されている。

図4–3　Floating Bath（河川風呂）（Glassberg, D. "The Design of Reform: thePublic Bath Movement in America," *American Studies*, 20［1979］: 5-21. より転載）

そうした流れのなかで、アメリカでも都市部を中心に大規模な公衆浴場が建設されていった。なかにはこの河川浴場から発展したものもある。ボストンでは河川浴場の場所に屋内の施設も建てられ、現在も残っている。

一八九一年にはニューヨークで屋内の浴場が設けられた。[★28] これは、ニューヨーク貧困状態改善協会、ニューヨーク地方社会派遣団、プロテスタント主教都市派遣団などの寄付によって建てられたもので、屋内の公衆浴場としてアメリカで最初に成功した浴場である。

また一八九二年には、ニューヨーク州で公費により公設浴場を設ける法律が制定された[29]。一八九七年にバッファローで最初の公設浴場が開かれ、一九〇四年までにニューヨーク州に一三の公設浴場が作られていった[30]。現在もニューヨークには当時の建物が残っている（図4―4）。

図4–4　公衆浴場運動で作られたニューヨークの公衆浴場。現在もプールやエクササイズ施設などとして利用されている（著者撮影）

清潔な市民が増えることの重大な意味

こうして一九世紀に、ヨーロッパ、アメリカではさまざまな形で公衆浴場の設置が行われてきた。それでは、公衆浴場運動のなかで追求された「清潔さ」とは、どのような意味をもつものだったのだろうか。

それはここまでの内容からわかるように、病の感染を防ぐための身体的な清潔さにとどまらず、内面的・精神的な清潔さが含意されていた。むしろ、身体を通して精神を表すと認識されていた、といえるかもしれない。

清潔さは上中流階級の間で身だしなみを整えるための基本とされた。さらに道徳的純潔を表すものとして位置づけられた。つまり、入浴し、きれいな衣服をまとった清潔な身体は、上流階級では紳士らしさを表し、また社会的に高い道徳性を有していることを表すものであった。

こうした身体の清潔さと内面性の結びつきを端的に表す言葉として、"Cleanliness is next to Godliness."という欧米の有名な格言がある。これはメソディズム創始者のジョン・ウェスレーによるものとされているが、[31]古くからバビロニアやヘブライの格言としてあったともいわれる。[32]現在では「きれい好きは敬神に次ぐ美徳」と訳されることが多い。

公衆浴場運動によって市民に入浴習慣を啓蒙し、そのために公衆浴場が作られた。多くの貧困層や労働者階級に清潔な身体を獲得させることは、感染症の流行を防ぐだけでなく、道徳性を向上させることを意味していた。都市に暮らす人々、とりわけ犯罪地域とみなされる地域の人々の道徳性を向上させることは、社会秩序が乱れるリスクを取り除くことであった。そして入浴してきれいな衣服を着ることは、その社会の成員資格だと位置づけられた。西洋社会では、清潔さと市民性が結びつけられたのである。そして清潔な市民が増えることが、優れた社会の実現につながると考えられたのだ。

日本に導入された公衆浴場運動

では、こうした背景をもった欧米での公衆浴場運動は、どのように日本に伝えられていったのだろう。

欧米の公衆浴場運動を受けて、日本でも同様の関心が生まれた。入浴をしない、あるいはできないとされる人たちに対する注意や関心である。

日本では多くの都市に湯屋、つまり公衆浴場があったが、大正期には貧困層や労働者の入浴回数が問題視されるようになった。またすでに紹介した通り、こうした人々の入浴環境が不衛生だと細菌数の検査をもって主張された。そして、彼らの居住地域には人口に比べて浴場の数が不足しているため、安価できれいな浴場を作って住民を入浴させることが推奨されたのである。大正期は日常的に入浴するのが難しい人々（こうした人々は時に不潔だとされた）に対して入浴環境を保障するべく、行政によって建てられる浴場、すなわち公設浴場が作られた時期であった。

欧米の公衆浴場運動で作られた浴場を紹介した中心的存在は社会事業家たちであった。たとえば、内務省社会局嘱託の留岡幸助《とめおかこうすけ》や生江孝之《なまえたかゆき》である。留岡幸助は一九〇三年にスコットランドのグラスゴーを訪れ、現地の公設浴場について記録を残している。グラスゴーは工業化が進み、アイルランドなどから移住する労働者が増えており、日本から社会事業家がよく視察に訪れた都市であった。留岡は、グラスゴーでは「貧民の部落」にあわせて市内一二箇所に公衆浴場と洗濯場が設置されたことを紹介している。[★33]

また、同時代の欧米の浴場を最も積極的に紹介したのは生江であった。生江はクリスチャンであり、副牧師などを経て、社会事業研究のため、一九〇〇(明治三三)年から一九〇四(明治三七)年、そして一九〇八(明治四一)年から一九〇九(明治四二)年に米国と欧州を訪れている。一度目の外遊ではボストン大学大学院で一年間学び、その後欧州で調査をした。二度目の外遊では「民生および社会施設の調査等」を目的とし、ロンドンやスコットランドのダンファームリン、グラスゴー、ドイツなどを訪れている。

生江は調査した内容をまとめ、一九一二(明治四五)年に『欧米視察細民と救済』という本を刊行しているが、その第七章「公設浴場と洗濯場」に、視察した公衆浴場と日本の浴場問題が報告されている。

当時の日本の社会事業家たちは、イギリスの産業都市を積極的に訪れていた。リヴァプールやバーミンガムは当時から労働者階級が多く居住する地域であり、グラスゴーは工場が多く、大きな産業都市のひとつであった(現代のグラスゴーは住民の平均寿命が短いことが知られている)。[34]

留岡は「貧民の改良」に熱心な都市や進歩的な自治体は、公設浴場や洗濯場を設置していると述べる。また格言「Cleanliness is next to Godliness（留岡は「清潔は敬神に次ぐ」と訳した）」を引用し、公設浴場の設置には衛生の改良と「清潔を一種の道徳として教える」という二つの目的があることを紹介した。[35]

欧米の公衆浴場運動の目的や理念に注目している点では、生江も変わらない。[36]

西諺《せいげん》に「清潔は神聖に隣す」とあるが、高潔なる精神を維持せんとすれば、先《ま》づ其《そ》の身体を清潔ならしめねばならぬ。故に身体の清潔を図ることは、衛生の見地より観て必要なるのみならず、道義の見地よりするも亦甚《またはなは》だ必要なることである。

「清潔は神聖に隣す」とは、“Cleanliness is next to Godliness.”の日本語訳だろう。生江もまたこのことわざから、身体の清潔さを衛生的な意味だけでなく「道義」的見地からも必要だと導き、欧米の清潔という概念には身体的・道徳的という二重の意味が内包されていることを説明している。

繰り返しになるが、欧米の公衆浴場運動は上中流階級の社会防衛的な思想にもとづく社会改良運動の一環であった。こうした発想を生江も引き継ぎ、公衆浴場という施設を通じて清潔さの規範を浸透させるとともに、日本の社会全体で貧困層の自律を促す必要性についても触れている。

生活保障のために浴場を作る

生江は、日本は「清潔を重んずる（中略）国」で、都市には多くの浴場があり「下級労働者」まで入浴しない者はほぼいないとしつつ、なお特定の人々が入浴できない問題があることを指摘した。労働者本人が入浴することができていたとしても、その家族の入浴回数が非常に少ないというのである。すなわち、日本の入浴問題は個人のみならず、その労働者世帯に関する問題だとしたわけである。

そして、こうした家族が入浴できないのは、世帯の収入に比べて入浴料が高いからだと指摘した。生江は当時の日本の入浴料がほぼ三銭以内で、ヨーロッパやアメリカに比べると安価だと言っているが、[★37]労働者ととりわけその家族にとっては安いとは言えないものであるとした。だからこそ、労働者自身はたびたび入浴できていても、その家族は入浴回

数が非常に少ないと説明している。★38

労働者世帯のためには、入浴料を下げなければならない。そこで生江がまず注目したのは、被差別部落の地域などの浴場であった。★39

例せば奈良県の細民部落に於《おい》ては、一部落毎《ごと》に殆ど公設浴場の設置を有し、入札を以て之れが受負を為さしめ、其収益の幾分を部落に於て徴収するをになつて居る。其の入浴料は一回五厘乃至《ないし》一銭の範囲を出でぬが、而かも尚《な》ほ相当の利益あるは各部落共同様である。

ここでは、奈良県などの事例を出し、すでにこうした部落の公衆浴場はその運営を地域の人間が担い、得た収益を部落で徴収していることを挙げている。直接的な衛生の向上だけではなく、経済的・生活保障のための浴場という存在に注目したのである。経済的な保障は衛生状態の向上につながるものとされた。そして次のように続けた。★40

東京、大阪其他の大都会に於ける普通細民窟に於て、公益を主とする公設若《も》しくは篤志《とくし》家《か》の企てになる浴場を設置することを得ば、細民に与ふる恩恵は決して僅少ではない。細民救済を念とする者、又此の一事を顧みる要がある。

生江はそうした浴場の実態に鑑みて、工業化で労働者人口が急増する東京や大阪など、大都市の「普通細民窟」にも「細民救済」のための公設浴場を設置するべきだと主張した。つまり、労働者や「細民」の生活保障のために公的な浴場（公設浴場）を設けることを推奨したのである。

浴場が社会への感謝の念を生む？

こうした生活保障としての浴場の設置は、実際に行政レベルで展開されていった。たとえば、大正期に組織された逓信省簡易保険局積立金運用課は、「中産以下の加入者階級の生活利益を進むる上に役立ち得べき各種の公共事業」に資金を融資する部局で、一九二一（大正一〇）年に複数の自治体の公設浴場設置に関する『公設浴場に関する調査』という調査報告を提出している。[41]

この調査報告書では、公設浴場を利用する対象は「労働者」と「貧民」とされた。そして入浴は労働者の「慰安《いあん》」であり「終日の労苦を癒す」もので、公設浴場は労働力回復のために必要な施設だと説明されている。当時、安定した労働力の確保が重要だったことをふまえると、その説明は強く説得力をもつものだっただろう。加えて入浴料が安いこと、また入浴を習慣づけるために整備された大きな公設浴場で「気持ちよく」入浴させることが必要だと強調された。

また、わずかではあるが、入浴習慣と清潔さについて触れられている箇所もある。「浴場を通じての下級者教化」という節では、浴場に付加価値を設け、娯楽を伴わせることで下級者を教化することが主張された。具体的には、浴場は人々が多く利用する施設なので、浴場を利用して講演会や音楽会などを開催することによって、下層社会の民衆を教化しようというのであった。

一見、ヨーロッパやアメリカのように、人々に入浴を通して清潔な習慣をつけることで道徳性を向上させようとしているようにはみえない。ただ、ここでも入浴は人々の精神状態に影響を及ぼすものとされた。「清潔なる浴室を見ば自ら社会に対する感謝の情を生じ、又自己存在の任務を感ずるに至る」、つまり「下級者」は清潔な浴場を通して社会へ感謝し、「下級者」自身の責務を感じるようになると説明されている。清潔な浴場を通して

「下級者」は社会の成員としての責任を自覚するようになると言っているようにも読める。清潔な浴場という施設を設置すれば、それを設けた社会への感謝と自らの責務を受け入れるだろうという、いわば楽観的な記述である。

また、一九二二（大正一一）年には当時の内務省社会局長だった田子一民《たごいちみん》がその著作『社会事業』のなかで「公設浴場」に触れている。このなかでも「我が国民は清潔を好む国民とせられて居る」という記述に始まり、[★42]入浴料が高いために十分な機会を得ていない「細民」や「労働者」の多い地域があるという、これまでみてきたものと同様のことが指摘されている。そのうえで田子は次のように述べた。[★43]

私は入浴を以て（中略）生活を清潔に保持する事業、即ち生活維持事業であると考へる。生活を維持すること自身、それさへ容易になし得ない人の為めに低廉の公設浴場を設けるのは最も必要である。

田子も生江と同様に、細民や労働者階級に目を向け、入浴料の高さを問題視していた。加えて同書で田子は、浴場は生活に必須なものであり、それゆえに営利目的ではない浴場を作るべきだとも訴えていた。

大阪の公設浴場設置事情

こうして、日本では欧米の公衆浴場運動が移植されるようなかたちで公設浴場が設置されていったようにみえる。

ただし、日本における公設浴場の設置は欧米のものをそのまま受容したものではなく、生江が指摘したような、日本独自の問題と解決策があった。日本ではどのように公設浴場が設置されていったのだろうか。

大正後期、公設浴場は自治体の社会事業の一環として都市部を中心に設置されていった。それは各地域の都市問題対策の一環だったが、地域によって都市問題が異なるため、力を入れる内容が各自治体で違っていた。[★44] たとえば大阪と京都と東京を比較すると、各地域の都市問題対策の特徴がよく現れている。ここでは大阪と京都を取り上げて、その方策と違いを紹介したい。

大阪は明治期を通して工業化が進展した地域である。好況により工業化が急速に進んだ一方で、その後の不況により失業した労働者の居住する多くの地域で、衛生環境が整っていないことが問題視された。要するに労働者は社会事業行政の第一の対象だったのである。そこで大阪での公設浴場の設立は、都市部の労働者の居住する市営住宅地域内に附設するかたちで始まった。

図4-5　大阪市の公設浴場の設置

1919（大正8）年	6月18日	櫻宮浴場（北区）
1919年	7月13日	鶴町第一浴場（西区）
1921（大正10）年	6月4日	鶴町第二浴場（西区）
1924（大正13）年	3月	城北浴場（旭区）
1924年	8月	北中島浴場（東淀川区）
1929（昭和4）年	10月	舟場浴場（北区）
1934（昭和9）年	7月	加島浴場（西淀川区）

まず一九一九（大正八）年六月に北区に櫻宮《さくらのみや》浴場が、同年七月に西区に鶴町《つるまち》第一浴場が設けられた。さらに一九二一年六月には鶴町第二浴場が設立された（図4−6）。

櫻宮浴場が作られた地域は当時の大阪市域のはずれで、淀川《よどがわ》上流の埋立地のそばであった。大阪市はだんだんと市域を拡張していったため、鶴町第一浴場と第二浴場が作られたのは大阪湾に面した市街地から離れた場所であり、大阪市の築港工事が大規模に行われていた地域である。

櫻宮浴場も鶴町第一・第二浴場も市営住宅地域内に設けられたものである。[★45] これらの市営住宅は、第一次世界大戦後に生じた住宅難を解消するために作られたもので、

「中産以下の市民」を対象としていた。[46] 市営住宅の居住者はそのなかでも労働者を対象として、実際の入居者は抽選で決められた。櫻宮住宅の戸数は二〇二戸で、住宅抽選の申込者は「職工、工夫、人夫」などに限定されており、「会社員等の月給取階級」は対象外であった。申込者は戸数の三倍に達する勢いだったという。[47]

図4–6　鶴町第一・第二浴場（大阪市社会部『大阪市社会事業概要大正十二年』より転載）

とはいえ当初の櫻宮住宅の居住者の半数ほどが賃金生活者であったが、残りの半数ほどが俸給生活者であった。俸給生活者というと、役人や公務員が想起されるかもしれないが、当時、俸給生活者のなかには「洋服細民」と呼ばれるほど貧困状態にいる者もいた。また、鶴町第一・第二住宅、とくに第二住宅居住者の俸給生活者の割合が圧倒的に高かった。鶴町第一住宅の住民として最も多いのが市区吏員《りいん》、次いで職工、雑役《ざつえき》、船員である。その他には医師や産婆《さんば》（助産師）や看護師、薬剤師もいた。[★48]

社会学者で都市研究を専門とする永橋爲介《ながはしためすけ》は、大阪の住宅政策では、「労働者住居」には「共同宿泊所」と市営住宅という、二つの施策がとられたことを指摘している。[★49] 共同宿泊所のほうは、住むところの定まっていない単身労働者の入居が基本であり、本館とは別に別館（定員二五名）が設けられた。共同宿泊所の本館入居者のうち、行政に優秀とみなされた人が選別され、別館に入居する機会を得たのである。さらに別館入居を許可された人から、将来有望であり、家族を呼び寄せ一家を構える意思がある人には市営住宅に優先的に入居する機会が与えられた。つまり、市営住宅は住むところの定まらない単身労働者が入居することはほとんどなかったのである。大阪の住宅政策には労働者を選別し、市営住宅に入居させて、「家の所有と家族形成を推奨」する「上昇回路」が設定されていた。[★50]

とはいえ、安価な入浴料で風呂を利用できるようにするという公設浴場設置の目的のひとつは、大阪でも果たされていた。一九二二（大正一一）年当時の大阪市内の浴場は大人五銭であったが、櫻宮浴場では大人三銭、小人一銭であり、鶴町第一浴場と第二浴場では大人四銭、小人二銭、乳児一銭と、低額に設定されている。

大阪の公設浴場は、浴場利用者として公設住宅の居住者と周辺の労働者を想定していた。一九二七（昭和二）年の調査によれば、大阪市の公設浴場の一日の平均入浴者数は一二八七人。[51] 一九三〇年に実施された大阪市社会部による市内の浴場の調査では、一軒の浴場に一日約五八九人の利用者がいるとしている。[52] いずれにしても利用者数はかなり多く、市営住宅に住む人だけが利用していたわけではないことがわかる。

大阪では、やがて大正末期から昭和初期にかけて、労働者に対しての公設浴場とは別に、社会教化事業の融和施設として、浴場が設置されるようになっていく。「融和」というといまでは聞きなれない人も多いかもしれないが、融和運動は部落改善運動を地方改善事業として引き継ぎながら、行政関係者が中心となり主導した運動であった。[53] 融和事業は大正末期の大阪市拡張に伴って生じ、部落改善運動の影響のもと、行政による地方改善事業の一環として、多くの公設浴場が設置された。

京都の公設浴場設置事情

大阪の公設浴場が主に工業地帯の労働者を対象にすることから始まったのに対して、一方の京都はというと、社会事業自体が被差別部落を対象に展開していた点に特徴がある。そのため、被差別部落内にあった共同浴場を利用するかたちで公設浴場が設けられた。災害などで共同浴場が破損した際の復旧や、浴場の維持や改修が難しいことから、なかには住民が公設の浴場設置を要望することもあったという。こうして京都では、府と市それぞれが公設浴場を設けた（図4-7）。

まず京都府が一九二一年に公設浴場を新設した（浴場設備だけではなく理髪室や広間、図書箱などが併設された）。浴槽も七〇人まで入れる、当時としては相当大規模なものであった。入浴料は大人二銭五厘、小人一銭五厘、乳児一銭であった。一九二〇（大正九）年当時、市内の公衆浴場の大人料金は五銭であり、ほぼ半額の金額が設定されている。

次に京都府は水道が未整備の地域に公設浴場を設置した。たとえば、千本《せんぼん》（旧野口村）は当時京都市に編入されておらず、水道が未整備の地域だったが、公設浴場の設立に際して水道の整備が検討され、配水管が敷設されるに至った。★54

京都府が公設浴場を設けた二年後、京都市も公設浴場を設置し始めた。京都市では都市

図4–7　京都の公設浴場設立年表

開設年月	浴場名	設立行政
1921年9月	東三条浴場	府立
1922年8月	千本浴場（鷹野浴場）	府立
1923年2月	西三条浴場（頌徳湯）	府立
1923年8月	崇仁浴場	市立
1923年8月	養正浴場	市立
1928年5月	錦林浴場	市立
1934年2月	竹田浴場	市立
1936年4月	納所浴場	市立
1936年5月	深草浴場	市立

（京都部落史研究所『京都の部落史2　近現代』、1991年を参考に著者作成）

化の人口増加に伴って市域の拡張がなされ、市域拡張とともに上水道が整備されていった。上水道が未整備の土地では、公設浴場の設置を機に整備が行われることもあった。

このように、京都の市域拡張と上水道整備は関連している。市域拡張後の一九二〇年七月に配水管拡張工事が開始され、一九二三（大正一二）年に終了した。配水管が整備されていなかった地域にも上水道が整備されたのと同じ年に、京都市は公設浴場を設立していったのである。結果的に、京都市の方が府よりも多くの公設浴場を建設した。

京都市の公設浴場の設置事業には、被差別部落住民に入浴施設を設けるだけではなく、浴場設置のために必須の水を供給するというかたちで、同時に水道整備を提供していくという側面もあった。[★55]

一九二三年八月に、京都市によって崇仁《すうじん》浴場（図4－8）と養正《ようせい》浴場（図4－9）が設置された。崇仁浴場には髪結室や理髪室もあった。浴室には白色タイルが使われ、排水給水設備が整えられて、衛生上「理想的」だと言われた。養正浴場は二階建てで、一階に浴場と脱衣場のほか理髪室が、二階には図書室と畳《たたみ》の広間が併設された。一九二六（大正一五）年には二階に洋裁の授産場が設置されている。

府市はいずれも部落の住民にその運営を任せ、浴場収入も地域のものとした。ただし浴場収益は「地域改善事業」に用いることとし、使用する場合は行政（京都市）に届け出るように定めている。実際に浴場収益を用いて、災害で破損した寺の屋根の修復を届け出たところもあった。

京都の公設浴場は入浴施設や水道整備を社会に供給するという、衛生的側面や生活環境の改善という側面に加えて、被差別部落の経済的な生活保障の側面があったといえるだろう。当然、そこには経済的な保障が地域の衛生状態の改善につながるという考えがあった。

市民性ではなく国民性と結びつけられた「清潔さ」

欧米の公衆浴場運動では、入浴習慣を啓蒙するなかで「不潔さ」には社会道徳の面からもリスクがあるとされ、その脅威を取り除こうとする点が際立っていた。他方、日本では、日本人は欧米人とは違って入浴習慣があり、清潔好きであることが強調されており、公設浴場が都市労働者や被差別部落住民などの生活保障のために設置されていた点に違いがある。

図4-8　崇仁浴場（京都市社会課編『京都市社会課叢書第13編 京都の湯屋』京都市社会課、1924年より転載）

図4-9　養正浴場（同前）

とはいえ、大阪や京都での公設浴場の設置は、労働者や貧困層の生活・衛生環境改善の側面がある一方で、入浴習慣の啓蒙活動であり、入浴しない人々を不潔であり前近代的（野蛮）だと意味づけることにもつながったと考えられる。これは現代の私たちが当たり前のように感じている、毎日入浴して身体を清潔にしなければならない、という意識にもつながっているのではないだろうか。

こうした意識は、歴史的にみるとそれほど古いものではないことがわかる。「入浴好きな日本人」という意識は、近代に欧米を視察した日本人たちが、その比較のなかで日本をみるときに生じたものである。

明治後期から表出した「日本人は入浴好き」という言説は、公設浴場の設置が進展していく大正期を経て、清潔さという概念を通して、より日本人の性質とも強く結びつけられていった。

公設浴場を設けた行政の資料のなかには、身体と精神の関連性に言及しているものがある。

一九二三年の京都市社会課による市内の入浴施設を調査した『京都の湯屋』では、日本の浴場の沿革の説明の際に、寺院の施湯などにも触れ、「湯に入り全身の垢を洗ひ落し（中略）心の垢までも洗落した気持を貴《たっと》ぶ」[56]と書かれている。これは身体を洗うことが精神と関連していることを示す記述であり、書かれた時期からも欧米の公衆浴場運動の理念にもとづいているように思われる。

ただし、欧米では清潔さが社会の成員という「市民性」と結びつけられていたこととは異なり、日本では清潔さは日本人の「国民性」と関連づけられるようになっていった。[57]

第五章　近代日本の新たな「母親」像

――家庭衛生から「国民」の創出へ

第三章で詳しく述べたように、明治三〇年代頃から入浴する「場」が問題とされていった。そこでは、公衆浴場の衛生環境そのものに焦点が当てられるのと同時に、入浴がどのようなコミュニティで行われるかが注目された。

それでは、入浴をめぐる言説はどのように共有され、人々の間に浸透していったのだろうか。

入浴習慣がよいもので、それが日本独自のものであるとするならば、その習慣をどう浸透させていったらよいのか。そこで習慣を根づかせるコミュニティとして重視されたのが「家庭」であった。明治時代から「家庭衛生」という領域で、(多くは家政に関する書籍のなかで)入浴が論じられるようになっていったのである。

この章では、明治時代から大正時代における、日常生活に密着したレベルでの記述を行う家政学の議論を中心に取り上げ、日本人の習慣としての入浴が、どのように家庭に、とりわけ女性に託されてきたのかをみていきたい。

「家政」とは何か

まずは、「家政」という言葉について確認しておきたい。家政というと「家政婦」や

「家庭科」を思い浮かべる人々もいるかもしれない。

西洋では近代に家政学の領域が確立したとされるが、「家政」という言葉自体は古代ギリシャの『オイコノミコス』という本を起源とする（オイコノミコスは「家政について」という意味をもっていた[★1]。またエコノミクス〔経済学〕の語源でもある）。

アメリカでは一九世紀後半からホーム・エコノミクス（家政）運動が盛んになり、二〇世紀に学問領域としての家政学が確立した。その代表的な出来事として、二〇世紀初頭にアメリカ家政学会が創立されている。家政学とは「最も包括的な意味において、一方では人間の直接的物的環境」についての、もう一方では「社会的存在としての人間の特性についての、法則、条件、原理、理想についての研究」であり、これら二つの要素の関係をめぐる研究だと位置づけられた[★2]。その領域には衛生、栄養（調理）、被服（裁縫《さいほう》）、保育（育児）、経済など、家庭の経営（ホーム・エコノミクス）に関するものが多岐にわたって含まれている[★3]。たとえば細菌による感染症をはじめとする病気への対策として、家政学と公衆衛生の実践がお互いに呼応するように、家庭レベル、そして個人レベルでの清潔さが教化されていった[★4]。

一方、日本の家政学はというと、その学問的な成立は第二次世界大戦後に、大学に家政学部や家政学科が設立されたことが始まりとみなされることが多い。

ただし、「家政」という言葉自体はそれ以前から存在していた。明治初期には海外の家政書の翻訳がなされ、また欧米を視察した者によって「家政」という表現がタイトルに入った出版物も刊行されている。

また、日本において「学問・科学としての家政学」が誕生したのは明治以降であり、本格的な意味で復興したのは昭和二〇年以降だという指摘もある。★5 家政学研究の第一人者である常見育男《つねみいくお》は、「日本の家政学は、明治初頭の西洋近代諸学問の移植に伴い、とくに、アメリカ家政学の影響のもとに誕生したのであるが、伝統的な良妻賢母主義の思想の根強さと、関連科学の未発達と女子の大学教育が実施されなかったことから、学問科学としては、さして、成長をみなかった」と述べている。★6
しかし近年、近代日本の家政教育の出発点を明治初期とする視点も現れつつある。加えて家政の領域は女子学校教育と強い結びつきをもち、戦前から家政学部設立の動きがあったようだ。

ちなみに明治期以前はどうだったかというと、江戸期では家庭の運営は男子の領域かつ責任とされ、女子に求められたのは家庭生活に関する技能や技術であった。つまり近代になって、家庭で女子が担う領域が、生活に関わる具体的な技術から、しだいにその運営へと変わっていったのである。

つまり「家政」とは近代に出現して構築された、まったく新しい領域といえる。

よき国民を育てる「母」という役割

ここで、一見遠回りにはなるが、そもそも「家政」という領域が生じる以前に、それに類するものとしてどのような枠組みがあったのか、その歴史を辿ってみたい。

家政という概念は明治時代に西欧由来で突然成立したのではなく、実は江戸にその基盤があったとされる。[*7] 江戸時代には、後の広い意味での家政に関連するものとして「心学書・教戒書・家訓書・女訓書・往来物」があった。[*8] これらは「家庭経営の理念を説いたもの」「家庭経営上の教訓や心得を綴《つづ》ったもの」「女性の身の修め方や生き方を教えたもの」に分類される。[*9] この家庭経営の理念や教訓を説いた書物は、家の管理や運営を行う家長、とくに武家の家長に対して書かれたものであり、女性に向けてではなかった。

ここでは、先祖伝来の「家」を引き継ぎ子孫に伝えるため、従来の教えや戒めを守ることが徹底された。一方の女性は家のなかの仕事を行い、夫や舅姑《きゅうこ》に従順な妻や娘という役割が重視された。[★10] こうした伝統的な家の経営に関する思想が、明治初期の家政の概念の根本にある。

とはいえ、家の経営の在り方はやがて変容していく。とくに、家における女子の役割は大きく変化していった。

近代以前と異なる女子の役割とはどのようなものだったのか。それは、女子教育の歴史をみるとわかりやすい。明治初期は女子教育論や女子学校教育が日本に本格的に登場した時期だった。森有礼《もりありのり》や中村正直《なかむらまさなお》[★11]などによって書かれた、女子教育の必要性を説いた論文が「明六雑誌」に掲載されるようになり、実際に制度が変わっていく。[★12] 一八七二（明治五）年には学制が発布され、女子も尋常小学校（八年制）を卒業すべきとされた。[★13]

とはいえ、女子が尋常小学校を卒業しなければならない理由は、現代に想像される理由（女子に男子と同等に学ぶ権利や機会があること）とは異なる。具体的には次のようなものであった。

文部省の学制に先立つ「当今着手ノ順序」では、女子はいずれ母となり、子の将来に大きく影響を及ぼすと位置づけられた。「母」として子どもの将来に影響を与えるからこそ、女子は教育を受けなければならないとされたのである。つまり女子には、いずれ担うべき

「母」の役割が強調されていた[14]。「母」は子を育て、そのために「賢き母」でなければならなかった[15]。

子を育てる母という役割は、近代的な国民養成という考え方にもとづくものである。夫に従う妻や嫁の役割は、家制度の維持としてはわかりやすく、間接的には国と結びついているのだが、国家との直接的な結びつきはわかりづらい。妻が国の前に従うのは夫ということになるからである。一方、母という役割は子ども、すなわち国民を養成するという点で直接的に国家と結びつく[16]。このように、近代は「『家』のためから国家のため」として、女性の役割が変化した時期だといわれる[17]。

これは家というものの位置づけが変わった、と言い換えられるかもしれない。家が直接的な国民再生産の場として位置づけられたのである。子ども、すなわち生まれてきた新しい国民と最初に出会うのは母親だとされた。近代の新たな母親像とは、国家の強い影響のもと、日本国民としての規範を伝えていく存在だとみなせるかもしれない。

そして、明治時代半ば、とくに日清戦争後以降に「良妻賢母論」が教育関係者や政府から現れるようになる。ここで女子に対して家を守り、管理するのがよい妻だという視点が提示されるようになった。そして女子がその役割を遂行するために、女子教育が必要とされたのである。明治期の国家を考えればわかる通り、女子教育は国家の富強に結びつくものだとされていった。家を管理するのは妻とされ、家事や育児という具体的な行動を通じて国家に貢献する役割が課されたのである。[★18]

ただし、賢い母、よい妻という役割を、トップダウン的に押しつけられたものとしてのみ位置づけることは難しい。後にみるが、それは女性のほうからも国家に貢献しようとする積極的な動きのある両義的なものであった。注意が必要なのは、女性たちがそうした動きに向かっていったのは、当時の時代背景や女性の権利の問題と切り離せないことである。

ともかく、こうした背景のなかで家政書は刊行され、読まれていった。

明治初期の家政書出版事情

では、明治期の家政書には具体的にどのようなことが書かれていたのか。

明治初期の家政書は、それまでの江戸期の視点を引き継ぐ「伝統家政書」、海外の家政書を翻訳する「翻訳家政書」、伝統家政書と翻訳家政書を統合した「日本的家政書」の三つに分けられる。[★19] 伝統家政書は江戸期と同様に、家長に向けて書かれたものが多い。なかには一家の長だけでなく妻に向けたものもあったが、それも妻の心得として江戸期の三従の教え（幼いときは親に、嫁いでは夫に、老いては子に従う）を継続して説くものが見受けられる。こうした伝統家政書は明治一〇年代中頃を目途に減少した。伝統家政書にあたる一八六八（明治元）年刊行の『家治心得』に「家政」という言葉が用いられたが、それは「男性の家計についての心得」を記したものだった。[20]

翻訳家政書としては、一八七六（明治九）年刊行の『家政要旨』（ハスケル著、永峰秀樹訳）が、「家政」という言葉を用いた最初の出版物だとされる。[21] ただし『家政要旨』の緒言には、この本は「一家の経済」について記されたものとあり、家政学を研究する谷口彩子らによれば、これはdomestic economyにあたる。[22] 伝統家政書や翻訳家政書では、この他に「家務」という言葉が用いられていた。[23] また、日本的家政書には「家政」という言葉も登場するが、他にも「家事経済学」や「家事についての学問」などと表現されており、これらがやがて「家政学」に統一されていった。[24]

このように、家政書の内容は多岐にわたる。家の運営について説くものもあれば、家事経済（家計）といったように、一つのテーマに特化して論じるものもあった。

それにとどまらず、さまざまな内容を総括的に、あるいは列挙して著したものもある。たとえば一八九三（明治二六）年に刊行された、下田歌子《しもだうたこ》による『家政学』がある。同書は上下巻からなり、家事経済、衣服、飲食、住居、礼法、書簡、看病法、小児衛生など、家政の内容が包括的に論じられた。

こうした家政書が数多く刊行された背景には、明治維新後、日本が新たな近代国家として国づくりを行う過程で富国強兵が進められたことのみならず、時代を経るにしたがって、日本の資本主義化に伴う新中間層が生まれたことがある。新中間層が生まれたことによって、新しい家の概念が築かれようとしていたのだ。[★25]

一八八〇年代には、「家庭」という言葉が「ホーム」という意味で誕生した。「ホーム」という語は「日本の『家庭』の語では表現しえない」ものであったが、だんだんと「ホーム」という意味での「家庭」という語が浸透していった。[★26]

一家の衛生を守ることが一国の衛生を守ることになる？

ここからは家政書が刊行される過程で、日本人の習慣としての入浴がどのように家庭に託されるようになったのかをみていきたい。

まず、「入浴」をめぐる記述は、いつ頃、どのように現れたのだろうか。

入浴に関する記述が家政書に現れるのは明治中期頃である。一八八八（明治二一）年に刊行された、山本与一郎[27]『家庭衛生論』を紹介しよう。[28]

同書は全五編から構成されている。各編のタイトルは「妊娠中養生の事」「分娩《ぶんべん》の事」「小児一歳より三歳迄《まで》の事」「小児四歳より十五歳迄の事」「小児期に関する雑項」。これをみるとわかるように、主眼は「妊娠」「出産」「育児」に置かれており、家庭と銘打ちながら内容は育児に特化している。子どもを授かる＝母になることに重点が置かれたものだといえるかもしれない。

とりわけ注目したいのが緒言である（句読点は筆者による）。[29]

一人衛生を守れば、一家の衛生となり一家の衛生は施て一国の衛生となるべし。夫《そ》れ母たるものは主夫《をっと》及び小児《こども》の衣食を始めとし、家内万般《いろいろ》のことに注意《きをつけ》する役目なれば必ず衛生は心得ざるべからず。之《これ》を心得て後善良なる母と云ふを得べし。世の母たるものをして完全なる衛生法を覚らしめれば社会《よのなか》を益すること蓋《けだ》し大なるべし

この「緒言」によれば、一人の衛生を守ることが一家の衛生につながり、その一家の衛生はやがて一国の衛生に結びつく、というのである。衛生が「一人」－「一家」－「一国」

というつながりで成立するという見方は、当時の衛生観を表している。

加えて述べられているのが、「母」の役目である。母親は夫と子どもの「家内万般のことに注意する役目」をもっていると明言される。そのうえで必ず「衛生を心得る」べきものだとし、世の中のすべての母親に完全な「衛生法」を覚えさせるのが、社会にとって有益だとされた。要するに、一家の衛生を守るのは母の務めであり、母が行う衛生法を完遂することが、一国の衛生を守るために重要なのだという。近代における新たな母の役割をまさに表現しているといっていい。

「衛生」という言葉を日本で成立させたのは、江戸期から明治期を生きた医師の長与専斎という人物である。近世から近代に移り変わるなかで生まれたこの言葉は、当時は単に身の周りを清潔に保つことや健康を守ることのみを意味しなかった。長与は衛生を「人生の危害を除き国家の福祉を完《まっと》うする所以《ゆえん》の仕組」と説明した[30]。つまり当時の「衛生」とは、現代の我々が考える衛生概念よりずっと広く、国民の生命を維持するためのあらゆるものを含んでいた[31]。母という役割は、長与のいう「衛生」の一端を担うものだといえる。

この『家庭衛生論』でもう一点注目したいのが、産湯《うぶゆ》に関する注意である[32]。

小児《こども》を入浴せしむる湯の温度は冷《ぬる》きも熱きも共に害あり。凡《およ》そ寒暖計の摂氏三十六七度を以て定度となすべし。而《そ》して入浴の時間は長きに過ぎ、或は短きに失するも、これ亦《また》共に悪し。前頭部に発汗するを以て程度《よきほど》となすべし

産湯の温度は三六〜三七度が適切だと述べ、入浴時間についても長すぎることと短すぎることを注意している。同様の注意は他の家政書でもみられるものであった。

日本と西洋の折衷

家政書のなかには、家事の方法について、日本と西洋の折衷を試みたものもある。一八九〇（明治二三）年に出版された飯島半十郎編『家事経済書』という本の内容は、衣服、料理、住居に加えて、女子に対する訓示の紹介など、じつに多岐にわたる。

そして同書には、以下のような入浴に関する記述がある。[★33]

凡《およ》そ入浴するものは、ただ身体をして清潔ならしむるのみにあらず、能《よ》く体中の蒸気を発せしむるなり、苟《いやし》くも身体に垢つきたるをそのままになしおく時は、毛孔をふさ

ぎ、血中の糟滓《さうさい》は、外に散するなど能《あた》はず、体中に滞りて、終《つい》に悪寒《あくかん》発熱等の症を発せしむる（中略）我邦人は常に熱湯に浴するの悪弊あり（中略）浴湯の温度は、華氏の寒暖計八十五度より過《す》ぐべからず

身体の毛穴が垢などによって塞がれると、身体が滞り発熱などの症状が出るという。そのうえで、日本人は熱湯に浴する悪弊があると述べている。江戸時代の養生書で述べられていた熱い湯に入ることへの注意は、明治時代になっても継続していた。

飯島は（摂氏に変換すると）二四度以下を冷浴、二四度から二九度までを平浴、二九度から三五度を微温浴、三五度から三六・五度を温浴、三六・五度から四〇・五度を熱浴というように、温度で分類した浴法とそれぞれに合った入浴時間を紹介した。温度の注意を示すものは他の家政書でもみられる。[★34]

先ほどに触れた下田歌子の『家政学』にも、入浴についての記述がある。そこには、子どもをできれば毎日湯に浸からせること、湯を沸かす水は軟水を用いること、三五度から三七度（手を入れて少し温かいと感じるほど）の温度にすること、子どもの起床後か就寝前に入浴させることに加え、「海綿、又は、軟らかき手拭」で全身を洗うこと、入浴は五分か

ら一〇分間にすること、身体が発育した後は水浴や水で身体を拭くのは避けるべきことなど、当時の家政書の記述のなかでもとりわけ細やかな注意をみることができる。[35]

こうした温度に対する注意は誰に向けてされたのかというと、家庭のなかの女性であった。また、今後家庭を築く未婚の女性たちに向けたものだっただろう。小児の入浴にせよ大人の入浴にせよ、温度を判断することとは、育児を含む家政を担当する女性に求められたのである。こうした入浴の記述は、明治三〇年以降、より増えていった。

繰り返し語られる「入浴と日本人のつながり」

明治後期の家政書のなかには、西洋と日本を比較しながら子どもの入浴法について記しているものもある。ここでは一九〇三（明治三六）年に刊行された羽仁《はに》もと子の『家庭小話』を紹介したい（図5－1）。

羽仁は雑誌『家庭之友』（のちの『婦人之友』）を発刊し、キリスト教プロテスタントの精神にもとづいた理想教育の実践の場として自由学園を創立するなど、近代日本において女子教育を推し進めた人物である。『家庭小話』は、主に日本と西洋の家政に関するさまざまな点を記述したものだ。日本と西洋の育児や妻（「奥様」）のありよう、加えて羽仁が海外で見聞したことも紹介されている。

ここでは「東西育児法の比較」という節のなかに、「沐浴」の項目がある。★36

日本人は毎日々々湯に入りますが、西洋人の大人は容易に風呂に入りません。然《け》れども幼い子には始終浴《しょっちゅうゆあ》みをさせる様です。朝起きますと、冷水で身体を拭いてやる事は、先《ま》ずお定《き》まりで、夏は申す迄もなく、寝る前には屹度《きっと》お湯を遣はせ、更に日の中に冷水浴をさせる家もあります（此事は子供の健康の度合にも依《よ》る事ですが）冬になると毎日浴《ゆあみ》をさせる所と一日置位の所とある様です。

羽仁はまず、日本人は大人も子どもも毎日湯に入るが、西洋人の大人が滅多に風呂に入らないことを挙げる。ただし、西洋では子どもに湯浴みをさせることが紹介された。

この記述は「東西育児法の比較」という節に属すので、他の項目の内容や比較も確認してみよう。たとえば子どもを「寝かすとき　其の時間」という項目では、西洋では子どもを独りで寝かせることが紹介されている。他の「昼寝」や「母親の乳」という項目でも、西洋の育児や外国の子どもについての紹介が中心である。「沐浴」の項目のように、「日本人は」という主語で始まっている箇所はみられない。

入浴習慣を日本と西洋とで比較する記述は、これまでの章でもみてきたように、家政書以外の分野でもみられた。明治三〇年代は衛生領域において「入浴」をひとつの軸に西洋と日本とを比較し、清潔好きな日本人というものが認識され、繰り返し表明された時期だった。羽仁の記述では、日本人と西洋人の入浴について単なる比較をしているに過ぎないようにみえるかもしれないが、読み手に入浴と日本人とのつながりを印象づける効果があったと考えられる。

図5–1　羽仁もと子（出典『五人の先生たち』日本基督教団出版部、1960年）

入浴することと日本人らしさを結びつけていく記述や、日本と西洋を比較する視点は、明治時代の末にはより明確になっていった。
一九一一（明治四四）年に刊行された福田琴月『家庭百科全書　衛生と衣食住』は、衣服・食物・住居と衛生に関する書籍である。福田は翻訳家でもあり、この本を著した目的を、衣食住を調和させて家庭をつくり、それを衛生的に整理すれば健全な家庭が成り立つと、色々な説を斟酌《しんしゃく》しながら記述したと述べている。[37] この本の第三編である「住居」には「入浴と衛生」という章があり、次のように始まる。[38]

我国では古来沐浴を度々する美風があつて、どんな下等社会でも毎月数回は入浴するが、欧洲諸国では、下等社会は勿論、上流社会でも本邦人のやうに度々入浴するのは稀である。

福田は日本の入浴習慣を美風とし、どんな人々も入浴すると述べたうえで、さらに日本と欧米を比較して、入浴習慣と日本人を密接に結びつけている。

なぜ良妻賢母論は日清戦争後に盛り上がったのか

一九一二（明治四五）年、田中義能《たなかよしとう》による『家庭教育学』という本が刊行された。神道学者である田中義能は、國學院大学や東京帝国大学で神道学の講座を受け持っていた人物である。当時の國學院大学や東京帝国大学には、一八九〇（明治二三）年に「教育勅語」が渙発《かんぱつ》された後に、近代日本の精神的な紐帯として位置づけられようとしていた「国民道徳」について論じる井上哲次郎や芳賀矢一が所属していた(「国民道徳」および井上や芳賀については次章で扱う)。

実際、田中は国家神道や国民道徳に関する論考も数多く残している。後に大倉精神文化研究所が主催した臨時神道講習会では、井上哲次郎とともに講演したこともあった[★39]。『家庭教育学』の内容を確認してみよう。この本は家庭教育の意義や目的から住居、飲食、妊娠、出産、子守、疾病、看病の方法、知育など、多岐にわたる内容を扱うものだ。第一二章に「入浴」があり、小児の入浴についての内容から始まって、次のような記述がある[★40]。

我が国人は、一般に潔癖と云はるる位で、度々入浴するのは実によい風習であります。西洋人などは、一ヶ月に一回とか、三ヶ月に一回とかしか、入浴しないものが多いのであります。我が国ではしばしば入浴するの風習がありますから、従ってその子供も度々入浴さしますのはよいことであります。

ここでも、日本人は一般に潔癖だといわれており、それを示す習慣として入浴が挙げられている。こうした習慣があるから日本人の子どもも入浴しておりよいことだと、つまりよい習慣が受け継がれていることを示唆している。

田中は「国民道徳」の形成に関わっていたと考えられる。先にごく簡単に述べておくと、国民道徳とは日本人が持っている国民性を基盤に成り立つ規範的思想のことで、多くの論者が日本人の国民性の特徴のひとつに「潔白性」があるとした。その「潔白性」という日本人の特徴のうち、身体的潔白さの具体例として、入浴を好むことが挙げられている。国民道徳の形成に関わっていた田中が、家政の領域で入浴について言及していたというのは、入浴に示される身体的潔白さが、国民道徳論と家政の領域をつないでいたことを示している。子ども一般に対する教育だけでなく、女子教育のなかでも入浴と結びついた清潔規範が唱えられ、強化されていったのではないだろうか。

とりわけ明治三〇年前後、日清戦争後の高揚した雰囲気もあいまって、教育関係者だけでなく、政策担当者からも女子教育、とくに「良妻賢母」の必要を説く声が挙がるようになった。[★41] 同時に女子の小学校就学率が上昇し、それに伴う教員養成や、中等教育の進学希望者が増加している。[★42]

日清戦争の後に、なぜこのような状況になったのだろうか。

日清戦争の日本の勝因のひとつとして、日本と清との教育の普及の差が注目された[★43]。日本は女子教育を発展させたことで、「知識による内助や国民的自覚をもたらし、国家の富強に結びついた」という指摘もある。当時は教育者たちを中心に、社会における道徳に女子が大きな影響を及ぼすと論じられていた。こうした論点はこの時期に新しく登場したもので、「良妻の意味が変化しつつあることを示すもの」と位置づける研究者もいる[★44]。そして一八九九(明治三二)年に「高等女学校令」が公布され、女子中等教育が成立した。

大正期の家政書における入浴――家庭・社会・国家のなかの女性

では時代が下って大正期になると、家政書の入浴の記述はどう変化していくのだろうか。一九一四(大正三)年に、河野正義《こうのまさよし》によって『婦人宝鑑　最新家庭全書』が刊行された。河野は育英事業に尽力し、一九一五(大正四)年には衆議院議員になった人物である。この本の第二編第八章が「入浴及衛生」で、入浴と衛生の注意、冷水浴や冷水摩擦、温泉浴、海水浴の四つの内容に構成して、入浴について言及している。

「入浴と衛生の注意」は、次のように始まる[★45]。

吾等日本人に向つて改めて入浴の効能を説く迄もありますまい。大きく云ふと世界の広き何《ど》の処《ところ》にか日本人程皮膚の清潔を守つてゐる者がありませう。

入浴の効能は説明するまでもなく、日本人ほど皮膚の清潔を保っている者はいないと述べられる。記述は次のように続く。★46

口を開けば直《す》ぐ衛生々々と叫ぶ西洋人も僅《わづか》に一週間に一回の入浴がせいぜいでありま す。之をどんな片田舎でも据風呂のある我日本と比較してどうでせう。朝湯に鼻歌を唸るを人生の一快事とする江戸ッ児《こ》は勿論、いかなる農家でも一日の労働が終ると直《ただ》ちに戸外の風呂桶に身を浸し、悠々《ゆうゆう》葉越しの月を眺めながら一日の塵《ち》垢《り》を洗ひ落すのであります。若《も》し夫《そ》れ婦人達になりますと二時間も浴《ゆあ》みする者があります。

それまでの西洋との比較とやや異なるのは、日本人が都会に住んでいようが田舎に住んでいようが、いかに頻繁に入浴しているかを、具体的に記述している点である。

さらに河野は続ける。★47

日本人の潔癖であることは之れで分りますが、併《しか》し単に清潔《きれい》ずきで之に伴ふ衛生思想が欠いてゐましたら、其効果の大部分は失くなつて仕舞ひます。御覧なさい、折角入浴して清潔になつた身体《からだ》に、すぐ垢づいた着物を着て平気で居るではありませんか。之では何にもなりますまい。已《すで》に入浴して身体の汚れを拭ひ去ると云ふ心があるならば、襯衣《はだぎ》も始終取替へて、愈《いや》が上にも清潔にした方が好《い》いのでありませう。風呂から上つてさつぱりした身体へ、サバサバした洗ひ立《だて》の衣物を着るの爽快は、どんなに気分を快くし、昼の労働に疲れた心気を慰めるか知れますまい。

ここで興味深いのは、単に清潔好きであることと「衛生思想」を分けているかのような記述である。入浴には衛生的な効果があることを前提にしながら、河野が注意を向けているのは、入浴後の身体にまとう衣服についてなのである。

加えて、入浴後の身体に「サバサバした」洗いたての衣服を着るのは、「昼の労働に疲れた」心を慰めるものになるだろうと述べている。この記述は労働者本人だけではなく、労働者の妻、あるいはこれから妻になり得る未婚の女性に向けてのものだと想定される（ここでの労働とは労働者階級の労働という意味での労働ではなく、より広義の、誰もが従事する労働のことを指すと推測される）。

内面化される「国家にとっての女性の役割」

一九二五（大正一四）年、井上秀子《いのうえひでこ》（井上秀）による『最新家事提要』が刊行された。井上は日本女子大学の学長を務め、日本の女子教育に大きく関わった人物である（図5−2）。同書は家政学の最新の知識を紹介する本であるが、まずはその「緒論」に注目したい。[48]

今後の女子は啻《ただ》に一私人として家庭生活の改善向上を目的として進むべきは勿論公民として社会的・国家的活動に携《たずさわ》り而《しか》も之が活動は女性の特質賦性《ふせい》を基調として女子に因《よ》りてのみ開拓せらるべき文化の伸展を促進し、男性の長所と併せ伍《ご》し、以て理想的文化の完美と人類至上の幸福を齎《もたら》すに足るべき準備を要するのである。

井上は、女子に最新の家政学の知識と経験が必要なのは、女子が家庭生活だけでなく、社会的・国家的に女性の特徴を生かしながら文化を進展させ、男性の長所と協調しながらその役割を担う準備のためだと述べている。これは社会的・国家的に意味づけられた女性の役割を、女性自らが積極的に内面化しよう／させようとする記述だといえる。

第一次世界大戦後に女子教育が再編され、それまで求められていた「良妻賢母」の思想も再編された。高等教育の必要性が強調され、女性の「潜在的能力」を引きだし、家庭内に限定せずにその能力を社会的、国家的に生かすことが求められるようになったのである。[★49] 加えて職業婦人の養成、そして男性と異なる女性の能力や特性を活かし、「人類文化」への貢献を果たすことも求められた。[★50] 井上の記述はまさに第一次世界大戦後の女子教育再編の影響を受けたものだろう。あるいはその影響をさらに強めよう、広げようとする記述にもみえる。こうして歴史的背景をふまえると、百年前も現代も、言われている内容も起きている事象もあまり変わっていない印象である。

図5–2　井上秀子（出典「『井上秀先生』 井上秀先生記念出版委員会編、桜風会出版、1973年）

この本の、入浴に関する具体的な内容に

も触れておきたい。第四編「育児」の第七章「乳児及び幼児の保護」に「入浴」の節があり、欧米と比較しながら産湯を含めた子どもの入浴に関する記述がある。[★51] そこでは子どもの皮膚をきれいにするためには毎日温浴を行うことが推奨され（つまり子どもを清潔に保つための基軸として温浴が位置づけられ）、適切な温度が「欧州の学者の説」から紹介されている。

さらに、井上の記述は欧州と日本を比較するだけにとどまらない。欧州では七歳の終わりには冷水浴を行うことができるとされるが、日本では「古来温浴を用ふるも身体の衰弱を来す事なく却《かえ》つて強健爽快の感を生ず[★52]」といわれていることや、家屋の暖房がないことから、欧州と同様に冷水浴を行うと風邪を引くおそれがあるといい、子どもの入浴は欧州とは異なる方法が必要だと説いている。要するに、西洋と比較したうえで日本独自の方法を探究すべきだという主張であり、これはそれまでの家政書にはみられなかった視点である。

家庭衛生の担い手から「国民」創出の担い手へ

家政書は戦前の女子教育とのつながりが極めて強い。これまでみてきたように、明治期から大正期における家政書では、女子には家政を担う主体としての役割が求められるという認識が論者の間で共有されていた。

家政書で対象とされた女子たちに期待され、課されたのは、「良妻賢母」という役割であった。この良妻賢母に含まれるのは、家政全般、家庭の衛生の維持、そして子どもの衛生の維持といった家庭内の役割だけではなく、子どもを日本人として社会・国家に送り出すという役割である。繰り返しになるが、このことは単に上から強制的に課されたものではなく、時代を経るごとに論者たちによって何度も強調されることで、女性自らがその国家的役割を引き受け、自己のアイデンティティとして内面化していった。ただ、歴史に「もしも」はないが、女性に選挙権や被選挙権をはじめとする権利が当たり前にあるような社会だったら、このような動きは生じていただろうか。育児に関しても何か違ったものになっていたのではないかと考えてしまう。

明治期半ば以降、衛生領域や国民道徳論などの教育思想の領域で、西洋との比較によって日本人らしさと日本の入浴習慣が結びつけられたことと同様に、家政書でも入浴は日本人らしさと結びつけられていった。こうした記述は入浴を好む日本人というイメージを強化するものであっただろう。言い換えると、近代国家にふさわしい国民を示すものとして

「入浴習慣」という指標が用いられたのである。

家政書のなかで子どもへの入浴の記述が目立つのは、こうした日本人らしさの指標としての入浴を、子に伝えることが重視されていたからだとみなすこともできる。家庭という領域で、母親が子どもに入浴をさせることで、親から子へと入浴習慣が伝えられていく。入浴の意味が母から子に伝えられていく。女性は家庭を通じて、育児を通じて、清潔な日本人の入浴習慣という〈伝統〉を継承する役割を担うことが期待された。家庭の女性を通じて入浴習慣が伝えられ、「入浴を好む清潔な日本人」が作り出されていったのである。それは近代的な国民の創出であり、近代的な清潔規範の確立を意味するものだといえるだろう。

家庭の女性たちは、清潔規範と「国民」創出の担い手として、近代日本という国家に統合されていった。とはいえ、ここで取り上げたような女子教育を受けられない人々も多かった。そのため清潔規範の強化は、第七章でみるように初等教育の場でも行われたのである。

第六章　精神に求められる清潔さ

——国民道徳論と「潔白性」

国民を統合する新しい道徳を求めて

これまでみてきたように、欧米では一九世紀に始まった公衆浴場運動を通して、清潔規範の教化が図られてきた。清潔な身体をもつことが道徳性をもった市民であるとされ、下層階級に対し、公衆浴場を通じて清潔さの価値が啓蒙されていったのである。

そんな欧米の公衆浴場運動を参考にした日本では、それに対して、清潔さを市民性ではなく、国民性と関連づけていった。第三章、第四章でみたように、海外視察にもとづく情報や知識が紹介される過程で、日本と欧米との比較が生まれた。そうした比較によって再認識され言語化されたのが、日本人の清潔さである。明治から大正期にかけて、医師や衛生家たちは、日本人が昔から階層にかかわらず入浴を好むということ、それは世界でもめずらしいことであり、日本人はきれい好きであるという文脈が当たり前のように受容されていった。こうした言説は、明治末期から大正期にかけて公設浴場の設置が広く社会事業として行われるなかで、専門家たちに受け継がれていった。

清潔さは、なぜ、そしてどのように日本人の国民性と結びつけられていったのだろうか。

これには明治期、新政府が国づくりを行う過程で、国民を統合し、民衆の新たな精神的基盤となる「国民道徳」の創成をめざしたことが関わっている。それは「道徳」によって日本人を結びつけようとする動きであり、明治期の末から多くの論者によって国民道徳論が続々と発表された。

国民道徳論が最も重点を置いたのは、天皇を頂点とする「忠君愛国」である。こうした国民道徳の成立の前提とされたのは、国民性という概念だった。

この章では、日本人の清潔さがいかに表現され、日本人の国民性として語られていったのか、その歴史を振り返ってみたい。

教育勅語と国民道徳論

医師や衛生家、社会事業家たちは「清潔」という言葉を用いることが多かったが、国民道徳論においては「潔白」という用語が使用された。まずはこの「潔白」という表現に注目したい。

そもそも「潔白」とはどのような意味だろうか。当時の辞書を引くと、『大日本国語辞典』(一九一六年刊)には三つの意味が記されている。一つ目は「いさぎよく汚れなきこと。清潔にして純白なること。純潔」。二つ目は「ましろ。まっしろ。純白」。そして三つ目が「心性の高潔にして、不正の欲望を抱かざること。貪欲ならぬこと。清廉」であった。つ

図6-1　井上哲次郎

まり「汚れのない」という目にみえる物質的な面と、「心」という目にみえない精神的な面の二つの意味があるといえる。

「潔白」は漢書においても使用され、拾遺記《しゅういき》での事例が示されている。また「清潔」という語にも「きよくいさぎよきこと。けがれなきこと」と「不正なる欲望なきこと。性行のいさぎよきこと。清廉。廉潔」と、ここでも二つの意味が挙げられている（事例には漢書が挙げられている）。[★1]

では、「潔白」という言葉は当時の国民道徳論のなかでどのように位置づけられたのだろうか。その詳細をみる前に、国民道徳論の形成過程について振り返っておきたい。

先にも述べたように日本では、新政府は民衆の新しい礎となる精神的基盤を求め、道徳で日本人を結びつけようという動きが現れた。[★2]国民道徳論の嚆矢《こうし》は、一九一二（大正元）年の井上哲次郎（図6－1）による『国民道徳概論』とされている。ただし、国民道徳は井上ひとりによって表明され、形作られていったものではない。また井上の『国民道徳概論』から始まったものでもない。

国民道徳論の形成には、一八九〇(明治二三)年に渙発された「教育ニ関スル勅語」、すなわち「教育勅語」が大きく関わっている。

教育勅語が渙発されるに至る経緯は先行研究に詳しい。それによると、一八七九(明治一二)年から生じていた元田永孚《もとだながざね》と伊藤博文を中心とした徳育論争が先駆である。これは儒教と西洋近代的な思想との衝突と位置づけられるものともいえるが、両者は国民が道徳教育を通じて一体となるという点で一致していた。

その背景には、明治初期に生じた自由民権運動がある。自由民権運動では当時の政権を批判し、国会開設を求めた。国が直接関与しないところで民衆にまとまられると、国家としては統治しづらくなる。そこで、日本が近代化を進めるなかで、宗教を持たない日本人にとって、それ以前の封建体制や儒教とも違う、さらに西洋思想とも異なる国民の「拠り所」となるような精神的基盤が求められていた。このような点は多くの知識人や思想家に共有されていた。日本初の学術結社である「明六社」の創設者のひとりである思想家の西村茂樹もその一人であり、一八八七(明治二〇)年に『日本道徳論』を著し、国民の道徳観念がいかに大切かを説いている。

教育勅語は全国の小学校へ頒布された(図6−2)。そうして学校儀式のなかでこれが奉読

朕惟フニ我カ皇祖皇宗國ヲ肇ムルコト
宏遠ニ德ヲ樹ツルコト深厚ナリ我カ臣
民克ク忠ニ克ク孝ニ億兆心ヲ一ニシテ
世世厥ノ美ヲ濟セルハ此レ我カ國體ノ
精華ニシテ教育ノ淵源亦實ニ此ニ存ス
爾臣民父母ニ孝ニ兄弟ニ友ニ夫婦相和
シ朋友相信シ恭儉己レヲ持シ博愛衆ニ
及ホシ學ヲ修メ業ヲ習ヒ以テ智能ヲ啓
發シ德器ヲ成就シ進テ公益ヲ廣メ世務
ヲ開キ常ニ國憲ヲ重シ國法ニ遵ヒ一旦
緩急アレハ義勇公ニ奉シ以テ天壤無窮
ノ皇運ヲ扶翼スヘシ是ノ如キハ獨リ朕
カ忠良ノ臣民タルノミナラス又以テ爾
祖先ノ遺風ヲ顯彰スルニ足ラン
斯ノ道ハ實ニ我カ皇祖皇宗ノ遺訓ニシ
テ子孫臣民ノ倶ニ遵守スヘキ所之ヲ古
今ニ通シテ謬ラス之ヲ中外ニ施シテ悖
ラス朕爾臣民ト倶ニ拳拳服膺シテ咸其
德ヲ一ニセンコトヲ庶幾フ
明治二十三年十月三十日
睦仁
天皇御璽

図6-2　教育勅語（写真提供：明治神宮［複製］）

され、また権威として丁重に扱われることが求められていく。

ちなみに教育勅語をめぐっては、渙発前も後も、教育と宗教をめぐって論争が起きている。一八九一（明治二四）年に有名な内村鑑三《うちむらかんぞう》不敬事件[★3]が起きたことを契機に、帝国大学の井上哲次郎が、キリスト教は教育勅語の趣旨に反するという談話を雑誌『教育時事』に発表する。それは「第一次教育と宗教論争」へと発展していった。

日露戦争に勝利できたのは武士道のおかげ？

教育勅語は非常に短く、祖先崇拝や家族協働といったことは読みとれるものの、かなり抽象度の高い内容である。そのため、勅語が渙発された後、文部大臣の芳川顕正《よしかわあきまさ》が井上に、勅語を国民に浸透させるためにわかりやすく解説することを依頼し、注釈書である『勅語衍義《えんぎ》』が一八九一年に発表された。[4]そのなかで井上は、国民道徳について改定を繰り返していかなければならないと述べている。

この『勅語衍義』から一九一二年の『国民道徳概論』公刊に至る過程においても、井上の国民道徳論の展開があるとみなされている。この間、日本は日清戦争と日露戦争という二つの大きな戦争を経た。その後一九〇八（明治四一）年に、日露戦争を受けて「戊申《ぼしん》詔書《しょうしょ》」が発布され、[5]これによって地方改良運動が進展していく。国民道徳論が盛んに唱えられた背景には、この二つの戦争と、日本を欧米列強の植民地にさせず列強に加わるという明治初期からの為政者や知識人たちの意識、そして明治期半ばから欧米で流行した黄禍論の影響があることがみてとれる。

ここでは井上の著作のひとつである『倫理と教育』（一九〇八年）に注目したい。同書は倫理と宗教の違いや日本国民・民族に関する記述が多く、日露戦争による影響を非常に強く受けている。井上はそこで、日清戦争で日本が勝利したのは欧米の文明を輸入したからというだけではない、そのことがこの勝利ではっきりしたと主張し、日本が勝利したのは「武士道なども大なる原因として挙げてある」と述べている。[6]

我が国が維新以来国威を発揚して来たといふのは、此の武士道の精神に依《よ》ることが多いのであります。（中略）日本の国民の顕著なる特質は実に此の武士道に在ります。此の点から之れを言ひますと、武士道は実に日本国民の自我といつて固《もと》より差支《さしつかえ》のあらう筈《はず》はありませぬ。古今二千五百年を瞥見《べっけん》するに、武士道は日本国民をして日本国民たらしめた所の大精神大骨頭であります。

井上は武士道を「日本国民の自我」とまで言っている。武士道は「正を助け邪を懲《こら》すこと」を目的とし、「正義人道を奨励する」ことが大事だとした。ここでの武士道は、井上以後の国民道徳を検討するうえで非常に重要である。

井上は、武士道が昔といまで形式が異なるとしても、目上の者に忠節を尽くすという意味ではその精神は変わっていないとした。武士道において忠節とは自身の命よりも大切なもので、忠節のために命を断つことであり、命を保つために忠節を汚すのであれば切腹をしたほうがよいとまで述べる。これはのちの国民道徳論のなかで論じられる「潔白性」の性質と共通する点である。ただし、『倫理と教育』ではまだ「潔白性」という言葉は用いられていない。

そして、『国民道徳概論』公刊の二年前にあたる一九一〇（明治四三）年、井上哲次郎、穂積八束《ほづみやつか》、吉田熊次《よしだくまじ》による師範学校修身科教員講習会で、国民道徳論は初めて公に発表されたといわれる。

ベストセラー『国民性十論』の説法

先に『勅語衍義』から『国民道徳概論』に至る過程で井上の国民道徳観が形成されていったことに触れたが、そのなかで、井上に影響を与えたと考えられる書物がある。それは国文学者である芳賀矢一（図6－3）の『国民性十論』である。同書が刊行されたのは日露戦争が終結して間もない一九〇七（明治四〇）年のことで、当時ベストセラーになった。井上は明言こそしていないものの、『国民道徳概論』の内容をみるかぎり、芳賀の『国民性十論』に大きく影響を受けていると考えられる。★7

図6-3　芳賀矢一

芳賀は「国語国文に潜む「国民性」や「国体」を明らかにしようとする態度・立場」をとって『国民

性十論』を論じている。[★8]このなかで国民性、つまり「国民の性質」について、国の文化は政治や法律、言語や文学、風俗、習慣などに影響を与えるものだが、それらは逆に国民の性質を形づくる要素だと説明し、「一民族」は独立してその文化を発展するのではなく「他の民族の文化と融和し、混合することを免れぬ」と述べている。

さらに芳賀は、次のように記述してもいる。[★9]

近世の精神科学は常に比較的研究、歴史的研究の方法により、或《あるい》は宗教、或は言語、或は美術、或は文芸、民族の異同を論じ、国民の特性を発揮するに力《つと》めて居る。万般の事情に於て一方には世界をまるめて一団とする傾向があると同時に一方には益国家分立主義が行はれる。（中略）太平洋の沿岸には、常に黄人排斥の声が高い。今の時は我は彼を知らねばならぬと同時に我は亦《また》我自らを知らねばならぬ。

ここで芳賀の言う「今の時」とは「我国ばかりは世界強国の班に入った」ときのことである。さらに芳賀は太平洋の沿岸、すなわちアメリカ合衆国（の太平洋側）において黄禍論が盛り上がっていることにも触れている。明治二〇年代にアメリカでは日本人移民排斥の

動きもあり、芳賀はそれを知っていたと指摘する研究もある。[★10]

芳賀は日本の文化がインドや中国に影響されて発展したこと、そのうえでいまの日本の「幸運」を思い、「深く自ら今後を戒めなければならぬ」「過去を知って且つ将来を熟慮せねばならぬ」と主張した。[★11] ここだけを読むと『国民性十論』はもっともらしく、日本人に自己反省を促すことを目的に記述されているようにみえるかもしれない。

一方で、芳賀のこうした記述には特徴がある。たとえば、その特色のひとつに「素直な感情告白が相手を信頼させ、結果として相手の心を自分に引き寄せること」があって、芳賀は「説法・説得の名手」だというものである。[★12] たしかに『国民性十論』は全体を通じて非常に読みやすく、読み手が反芻《はんすう》して解釈しなければならない箇所はほとんどみられない。実はこのことは、国民道徳論者の語りに通じる大きな特徴でもある。

感覚に訴える「清浄潔白」

語り方だけでなく、『国民性十論』の中身にも触れておこう。

芳賀は、日本の国民性には十の特性があるとした。その十項目とは「忠君愛国」「祖先を崇《とうと》び家名を重んじる」「現世的、実際的」「草木を愛し、自然を喜ぶ」「楽天洒落」「淡泊《たんぱく》瀟洒《しょうしゃ》」「繊麗繊巧《せんれいせんこう》」「清浄潔白」「礼節作法」「温和寛如《おんわかんじょ》」である。十項目のうち八項めに挙げられているのが「清浄潔白」である。

芳賀は『国民性十論』全体を通じて社会主義や革命を警戒しつつ、日本は万世一系《ばんせいいっけい》という国体を維持してきたと、しばし皇室について言及している。注目したいのが、「忠君愛国」における芳賀の「上代《じょうだい》」に関する言及である。芳賀は「我は上代の歴史とは言はないで、敢《あえ》て神話といふが、其神話の性質を察すれば、この国民性が最もよくあらはれて居る」と述べ、「我国の神話は外の国のとは違つて我皇室を中心とした神話である。また我国土を中心とした神話である」と位置づける。[13]

神話時代の記述は天照大神《あまてらすおおみかみ》の話の紹介へと続く。芳賀の述べる日本の神話は基本的に「誠に平和」であり「神話は即ち我太古の国民の心性を反映したものではないか」という。こうした「天孫の」血統が皇室であり、皇室は「我等国民より一段高いもの」とされた。国民は皇室に対して「マゴコロ」を持ち、この「マゴコロ」を「大和心」と呼んだのであった。

そもそも「マゴコロ」とは、江戸期に本居宣長《もとおりのりなが》ら国学者によって用いられた「真心」に由来する言葉で、[14]国文学は国学と強い結びつきがある。芳賀も国学の思想を受け継ぎながら、西洋の文献学の知識や研究方法などを参考に国民性や国体をより明確にして、国学者たちの勤王思想、国粋思想を拡充して国民道徳へと広げていったのである。[15]

さらに皇室に対する「マゴコロ」が、「武家時代」に「主従の関係の連鎖」になったと説明する。これを芳賀は「武士道の精髄」と言う。[16]

> 元来日本で君臣といふものは、皇室と国民との関係の外にはない筈である。それ故「忠臣不レ事二二君一」などといふ語は日本には通用せぬ筈であつたが主従の関係が君臣の関係になつてからは、これが始めて適用されることになつた。

芳賀は武士の主従の関係に触れつつ、皇室、さらには天皇を主君として忠心を持つべきだと主張している。

この点について、潔白さはどのように関わるのだろうか。芳賀が日本人の十の特性のひとつだと論じた「清浄潔白」について詳しくみていこう。

芳賀は「清浄潔白」の節の冒頭で次のように述べている。[17]

小ざつぱりとした木綿物《もめん》は気持がよい、新しい青畳《あおだたみ》は居心《いごこち》がよいといふ我国民は清潔を愛する民族である。隣国の支那《しな》人などと比べては大きな相違である。

注目したいのは「小ざつぱりとした木綿物は気持がよい、新しい青畳は居心がよい」という表現だ。これは単なる事例にとどまらず、読み手の感覚に訴えるものであり、当時の日本に住む多くの人々にとってすぐにイメージが喚起されるものであった。現代の私たちもこの記述からイメージを浮かべることはそう難しくないだろう。

さらに中国と比較して大きな違いがあるというのであるが、日清戦争以降の刊行であることを踏まえると、ここに優劣の価値を置こうとしているようにみえる。

続けて芳賀はこう述べた。★18

日本人の様に盛《さかん》に全身浴をする国民は外にはあるまい。東京市の湯屋は八百余件以上もあり、其外中流以上の家には各湯殿があつて、百三十万の住民の中凡《およ》そ三分の一づつは毎日入浴する割合だといふことである。ベルツ氏は日本の気候家屋の割合にリウマチスの少いのは、全く日本人が銭湯を好む結果だらうといつて居る。銭湯の起源は

> 新しいにしても、湯あみ、水あみの習慣は太古からあつたのである。（中略）独逸《ドイツ》人のケーニグスマークといふ人の書いた「日本及日本人」といふ書の中には日本人の入浴の事を賞揚してこれだけは大《おおい》に真似すべき事と書いてある。伯林《ベルリン》市などでは公衆衛生の必要から、至る処に浴場を公設して労働者等の入浴を奨励して居る。

芳賀が清浄潔白の例として挙げたもののなかでももっとも紙幅を割いたのが、入浴習慣である。

ここで挙げられている事例のいずれもが、多くの日本人が生活に欠かせないものである。青畳などは物理的なモノであるのに対し、入浴習慣については公衆浴場などの施設も挙げられているが、モノではなく習慣という行いが重視された。モノを介在して得る感覚と、習慣という行いによって得る感覚の違いがここにある。

芳賀はなぜ入浴習慣についての記述を他の事例よりも費したのか。それは、入浴が清浄潔白の例としてもっともわかりやすい例だと考えていたからかもしれない。

芳賀はドイツに留学したことがあり、『国民性十論』のなかでも留学経験の話が何度か登場する。現代でも海外に滞在したときに日本の風習、とくに五感に訴えるような習慣を懐かしく思う人は多いだろう。海外での入浴習慣と日本のそれとでは違うことも多いため、芳賀が留学中に日本の風呂を思い出したことは想像に難くない。つまり、清潔さを類推するものとして入浴に記述が費されたのは、芳賀自身の経験のなかでそれがもっとも印象深かったのではないかと推測される。

芳賀は入浴を通じて「清浄潔白」について説いていく。[19]

とにかく日本人は身体をきれいに洗つてサッパリとすることが好《すき》である。ザウベルカイト(清浄)は日本の特性であるとは西洋人の日本に関した記事には必ず書いてある。チャンバレン氏は日本は多くの事柄を支那から輸入したが、これだけは日本特有だといつて居る。

同書の序では、日本文化はインドや中国から影響を受けてきたと述べているが、ここにおいて入浴習慣が日本独自だと、イギリスの日本文化研究者であるチェンバレン[20]の言葉を引きながら述べている。「清浄潔白」は他のものより日本特有のものだとみている、あるいは特有なものだと打ち出したいのがうかがえる。

また、芳賀は東京市の銭湯の数や入浴する人の割合を出し、読み手に信憑性《しんぴょうせい》を印象づけた。それだけでなく、ベルツなどドイツ人、さらには自身のドイツでの経験も挙げながら、欧州と比較して日本人は入浴を好むことをだめ押しのように繰り返し、入浴習慣に意味を持たせようとしている。入浴を日本独自の習慣とみなす、すなわち入浴に日本人らしさを見出すのは、明治三〇年代の医師や衛生家たちの記述とも共通している。[21]

では、このように論じられた日本人の国民性は、国民道徳論のなかでどのように展開していくのだろうか。

「潔白性」という国民性——井上哲次郎『国民道徳概論』

一九一二(明治四五)年、井上哲次郎の『国民道徳概論』が出版された。このなかで井上は、「国民性批判」という章を設け、その冒頭で、国民性は「国民道徳と密着なる関係」があるとした。そして国民道徳は国民性によって形成されてきたものであり、国民性という土台の上に国民道徳が成立すると述べている。[22]そのうえで、国民性についてこう論じた。[23]

我が日本の国民性を研究して見まするといふと、なかなか良い側もあれば、又いけない側もありますから、その良い側は次第に発展させて行かんければならぬ。然《そ》うすることは矢張り国民道徳を発展させるのと相伴つて行くことになるのであります。さうして、そのいけない側は言ふ迄もなく、矯正して行かんければならぬ。

国民性にはよい面と悪い面があり、よい面はより発展させ、悪い面は矯正しなくてはならないとした。そうすることで国民道徳は「進歩」すると言う。

『国民道徳概論』で挙げられた「国民性」は全部で一四項目ある。「潔白性」はそのなかで五つめに挙げられた。他に挙げられた国民性は、「現実性」「楽天性」「単純性」「淡泊性」「感激性」「応化性」「統一性」「短気性」「依頼性」「浅薄性」「鋭敏性」「狭小性」「虚栄性」である。★[24]

このうち、悪い面とよい面の両方が指摘される性質、あるいは悪い面、よい面のみが指摘される性質を分類している。悪い面のみとして挙げられたのは「短気性」「依頼性」「浅薄性」「狭小性」「虚栄性」で、悪い面もよい面もあるとされたのは「現実性」「感激性」、よい面のみは「楽天性」「単純性」「淡泊性」「統一性」「応化性」「鋭敏性」、そして「潔白性」だった。井上は「潔白性」を「無論国民性の良い側であります」ととらえている。

では、「潔白性」はどのように記述されたのだろうか。

まず、「潔白性」には「物質上」と「精神上」の二つがあるとした。それらは古くからあるもので、「土地の関係から来て」いるのだろうと述べる。ここでの「土地」とは土地そのものというより、風土や環境といった意味合いが強い。井上はこう続ける。[25]

日本では誠に清潔な水が山の隙間から流れて来るやうな訳で、その潔白な水に慣れて居るものですから、もう不潔なものには何《ど》うしても堪へきらないと云ふやうになつて了《しま》つた。

日本には古くから清潔な水があるのが当たり前であり、それに慣れていることにより、不潔なことに耐えられないと自説を展開する。井上は、土地とは環境に類するものだととらえていたようだ。またこの記述から、読み手は山々の間を流れる水、つまり川を容易にイメージするだろう。

穢れを祓《はら》うような潔白性の由来を「水」に求めたのはなぜだろうか。文化人類学者である波平恵美子《なみひらえみこ》は、「川や海は清浄な空間とされ、神社の祭礼の時に御輿《みこし》洗いなどと称して水中に入り、また神事に携わる者は水中で禊《みそぎ》をする。水がケガレを祓う霊力を持つことは記紀神話において、イザナギが黄泉国《よみのくに》から帰って来て身を清めることにも示されている」と述べているが、[26]井上は「水」をめぐる説明にほぼ終始しており、潔白性の由来をむしろ「水」に求めているようにすらみえる。[27]

もう神話時代からして非常に潔白を尚《とうと》ぶ兆候が見えて居ります。すべて穢《きた》ないものと云へば非常に嫌ふ。その代りに、又それと同時に身体を浄《きよ》めて、少しの不浄もないやうに力《つと》めると云ふ風習が存して居ります。神社などに参りますると、必ず手を洗ふ所がある。また砂を撒《ま》く。清潔な砂は清浄のシンボル(Symbol)と謂《い》ふべきであります。

芳賀が『国民性十論』のなかで「清浄潔白」を論じた際にも「神話」という語が登場していたことに注意しておきたい。

なお、井上は『国民道徳概論』のなかで「潔白」「清潔」「清浄」など、言葉を混在して使用しているものの、それぞれに明確な定義はなく、違いはみられない。文脈に応じて言葉や概念の振れ幅を上手く利用しながら、読者が読みやすく受け取れるようにしているようにもうかがえる。
さらに、井上は次のように続けた。[28]

西洋などでも、決して日本の如くに屢《しばしば》、湯に這入るやうなことはない。中以下の者などは、年中湯に這入らぬと云ふやうなことも随分ある位であります。中流以上でも毎日湯に這入るなんと云ふことはないので、月に二三回位のものである。（中略）併《しか》しながら支那、印度《インド》といふやうな他の東洋諸国などに較《くら》べると、日本国民の潔白性と云ふものが非常に顕著であること疑ひないのであります。

ここでも潔白性の証左として提示されているのが入浴である。これは神社の手水《ちょうず》よりもさらに日常的で、身体の感覚に訴えるものだといえるかもしれない。こうした記述はイメージしやすいだけではなく、読者の実感に迫るものである。芳賀だけではなく、国民道徳論のイデオローグとされる井上自身も、イメージを想起させ、実感を伴うような記述をしていたことがわかる。

日本人の真面目な大和心

井上が『国民道徳概論』を公刊した後、国民道徳に関する論著が他の論者によっても出版されていった。

一九一四(大正三)年に刊行された野田義夫《のだよしお》の『日本国民性の研究』では、国民性のひとつに潔白性を挙げている。野田は師範学校で教鞭《きょうべん》をとり教育実践に関わってきた人物で、教育に関する書籍を多く残している。

この本は日本人が清潔を好む、潔白な心を持つということを疑いのなく記述している点で多くの国民道徳論と類似しているが、注目したいのは「潔白の心」が「大和民族の心の本領」だと論じている点だ。野田は「潔白の心」についてこのように説明した。[29]

> 換言すれば、大和心の本色は潔白によりて其真面目を表はし来《きた》るものである。さて真面目の大和心と言へば国民精神の本体で最も適切の古語を用ふれば即ちまごころである。まごころは最も広義に解すれば良心と言ふと同じく其本質に於ては民族の区別を超越した人道の根本と言はねばならぬ。即ちあらゆる道徳を生み出す人間の本心である。(中略)我日本人は潔白であればそれが同時に忠誠の本領を表はし来るものである

と思ふ。切言すれば、日本人に取りては潔白であると無いとは道徳的である不道徳であると同義になるのである。日本人が潔白を好むは即ち道徳を好むと言ふと同義である。

野田は「真面目の大和心」を国民精神の本体、つまり「まごころ」だと述べている。良心だともいうが、これは芳賀の『国民性十論』でも挙げられた「マゴコロ」に通じるものだろう。つまり、野田も単なる心持ちという意味で述べているわけではない。それは潔白の記述をみるとより明らかである。

野田は潔白であることが「忠誠の本領」を表すと述べる。潔白さは忠誠の象徴であり、また日本人の道徳性を示すものでもあった。潔白でないことは「不道徳」であることを意味した。日本人が潔白を好むのは道徳的だから、とも言い換えられるかもしれない。

身体の汚れは心の汚れ

もう一人、井上哲次郎の弟子であり、修身教育に関わった深作安文《ふかさくやすふみ》という人物の文献をみてみたい。管見の限り、深作は「潔白性」に身体的潔白と精神的潔白があると明確に分けた最初の論者である。

深作は一九一六（大正五）年に『国民道徳要義』を刊行した。この第六章が「我国民性と国民道徳」と題され、国民性の意義と国民性と民族性の違いにも言及している。それによると、国民性とは「同一主権に依つて統治せられます人民の共通的性情」を、民族性とは「同一人種の有する共通的性情」を指すとして、その事例を次のように述べている。[30]

英国民と北米合衆国民とは、共にアングロサクソン人種でありますけれども、其国民性を異にし、仏国民と伊国民とは共に羅甸《ラテン》人種に属しますけれども、又其国民性を異にし、而して我国民と支那国民とは共に蒙古《もうこ》人種でありますけれども亦其国民性を異にするが如きであります。

つまり、民族性の下に地理的かつ政治的に分化したのが国民性だと定義づけたのである。この背景にも黄禍論などがあることがうかがえる。

そして深作は「潔白性」を次のように記している。[31]

我国民性として第一に挙ぐべきものは潔白性であります。潔白性とは清潔を愛して不浄を忌む所の国民性でありまして、(中略)是は神代の古《いにし》へから今日に至るまで、依然として我国民に存する国民性であります。

ここで国民性の第一の要素として挙げられたのが「潔白性」である。国民性の特徴の第一に潔白性を挙げるというのは、それまでの論者にはほぼみられなかったものである。深作は日本人がいかに昔から「潔癖」であったかを説明し、それを禊という概念にも結びつける。[★32]

建国当初の我祖先は目に不浄不潔の物を見まする時は、身体も亦汚れ、身体が汚れますれば精神も亦汚ると考へ、清い流れを選んで、身体を清めたのであります。斯《か》くして彼の禊といふことが起こつたのであります。伊弉諾尊(筆者注:イザナギノミコト)が黄泉国に御出でになつて、伊弉冊尊(筆者注:イザナミノミコト)の御屍《おかばね》を御覧になつたが為めに筑紫の日向《ひむか》の橘《たちばな》の小門《おど》の檍原《あわきはら》の流れで御身体を御洗になつたのが禊の濫觴《らんしょう》であります。

ここで深作が引いているのはイザナギイザナミ神話だが、注目したいのは「身体が汚れると精神も汚れる」と述べている点だ。深作はその後の日本の歴史における穢れと祓いを紹介しながら、身体と精神の不潔と清潔とを関連させるようにして、次のように論じている[★33]。

> 斯くて我国民は頗《すこぶ》る潔癖となつたのでありまして、世界に我国民ほど沐浴を好む者は他に存しないのであります。我国で諸方に温泉竝《ならび》に海水浴の開けましたのは、無論、衛生上の理由もありませうけれども、一つには是が為めであると思はれるのであります。而《しか》して肉体上の潔癖は何時《いつ》しか内面化して精神上のそれとなり、神道にては正直、誠実、簡素等の徳目が成立つことになりました。彼《か》の「正直の頭に神宿る」といふ諺《ことわざ》も此際《このさい》、忘るまじきものである。

深作も潔白さ（「潔癖」という語を用いているが）の例として沐浴を挙げた。さらに、日本で温泉や海水浴ができたのも衛生的な理由のみならず、日本人のこの国民性によるものだと位置づけている。そして、肉体上の「潔癖」、つまり入浴を好むことが精神の「潔癖」につながり、神道の「正直、誠実、簡素」につながったと結論づけている。
この精神の潔白は、正直さといった内面性を示すものにとどまらなかった。この後に深作が記述したのは「精神の潔白」の証明についてである。[★34]

又武士は一たび人の疑ふ所となりますや、自ら我が腹を屠《ほふ》つて、己が精神の潔白を表明することとなり、終《つい》に切腹といふ世界稀有の風習が我国に成立つたのであります。（中略）而して正直、廉恥《れんち》、廉潔《れんけつ》、質素等の武士道の徳目は此精神的潔癖と密接なる関係のあるものであります。

武士の例から、精神の潔白を証明するために「切腹」という風習が日本に成立したと説明している。先に井上の『倫理と教育』で、日本人の特質には武士道が強く関わっており、忠節は身命より優先され、忠節が汚されれば切腹するべきという言説を紹介した。深作のこの主張もほぼ同様のものだ。深作は武士という例を挙げ、潔白と切腹を結びつけ、精神の潔白を証明するために「切腹」という具体的な行動がひき起こされるという論理になっている。

「精神的潔白」としての切腹

深作は同書で切腹という行為についてこれ以上の言及をしていない。そこで、彼が同年に刊行した『実践倫理要義』を参照したい。

切腹とは腹を割《さ》くことであり、かつ自身で命を絶つことだ。深作は『実践倫理要義』のなかで、「生命の保存」が個人の「国家に対する本務」であり、人命の保護は「国家の主要なる義務」だとした。[★35] そこで問題として挙げたのが「自殺」である。[★36]

> 古来、自殺は道徳上の困難な問題の一つである。是は人類特有の事実であつて極めて不自然なものである。（中略）吾々の生命は吾々が家族、町村、国家等と共有して、是等諸々国体の成り立つ要件であるからして、自ら我身を殺すのは、（中略）国体の存在を弱めるものである。

自殺とは極めて不自然なものであり、我々の命は家族や社会、国家と共有され、それが国体となっている（個人の生命を国家のものと位置づけている）のだから、自殺は国体を弱めるものだと述べている。ただし、自殺のなかにも例外があるとした。挙げられたのは「楠木《くすのき》正成《まさしげ》の討死《うちじに》」「支那の丁汝昌《ていじょしょう》の自殺」「ソクラテスの場合」である。[★37] つまり、忠義のための死や国家にもとづく死である。

このような視点からみると『国民道徳要義』で挙げた精神的潔白としての「切腹」は、国家への忠心にもとづくものとみなすことができる。井上の『倫理と教育』と同様の記述で、切腹が挙げられていることから、潔白性は武士道とも関連している。

ここでの「切腹」の意味とは概念的なものなのか、あるいは行為としての現実的なものか、どちらなのだろうか。よく知られていることだが、切腹のみで人間が死ぬのは難しい。江戸時代には介錯人《かいしゃくにん》もおり、切腹という行為はやがて形骸化していった面もある。一方で、明治期でも軍人の間では切腹が行われ、自死のなかでも名誉の死として位置づけられてもいた。ただ、やはり他の死と何が違うのかというと、建前上でも自分でその行為を行うという点だろう。ここでもその点に重きが置かれている。

国民性の議論の背景には日本が近代化の過程で経験した二つの戦争、とくに日露戦争の影響が大きく、井上はその勝利の理由を日本人の国民性に武士道があることだと主張したことは先に述べた。井上の弟子である深作は、国民性として挙げた潔白性の意味にも武士道をつなげていったといえる。潔白性を身体的潔白と精神的潔白とに分け、身体的潔白の例として入浴した身体、精神的潔白の例として「切腹」を挙げた。潔白性という国民性を特徴づけることは、国民道徳が天皇を頂点とする「忠君愛国」を進めるうえで、その礎《いしずえ》となる国民性は個人よりも天皇や国を崇拝し、ときには命を賭け潔く死んでいくことを良しとする規範化を行うことでもある。

国民性を論じる文献には、深作のような「潔白性」の説明をするものがこの後も継続して現れた。井上を引き継いだ深作の言説が、教育学者や倫理学者の間で一貫したものとして機能していた。

国民道徳として「忠君愛国」はとりわけ強調され、「潔白性」という国民性によって強化されながら戦時に向かっていくことになる。

「潔白さ」から逸脱する人々

本章では、井上哲次郎を嚆矢として国民道徳論がいかに盛り上がりをみせていったかを、そのなかで「潔白さ」とされる清潔さがどのように論じられてきたかを詳しくみてきた。それは第四章でみた、入浴を満足にできない人たちに向けた公設浴場の設置運動と並行する形で展開していったわけだが、同時期には入浴習慣を持たないとみなされた人々に対しても入浴施設は作られた。最後にそのことに触れておきたい。

一九一八（大正七）年の『大日本私立衛生会雑誌』第四二三号に、北海道小樽《おたる》警察署長小松梧樓《こまつごろう》による寄書「アイヌ種族の衛生状態（二）」が掲載された。北海道に暮らすアイヌの人々には、内地のような入浴習慣はなかった。気候が違うことを考えれば当然ともいえる。小松はアイヌの人々についてこのように述べている。[★38]

彼等種族は古来入浴するを知らず且つ裸体を忌む風習あり（中略）銭湯の設けなき処にありては共同風呂を構へ入浴するに至れり、然れども利用の度頗る低きを免れず。（中略）入浴することなく不潔を意とせざるを以て室内は一種の臭気鼻を衝《つ》き耐へざるものあり

アイヌの人々に対して共同風呂を設けたが、利用が非常に少ないことを問題視している記述である。

北海道や沖縄など、内地／本土と比較して入浴の頻度が少ない地域については、公設浴場を設け、入浴を通して「清潔さ」が啓蒙されていた。しかし、そこにはその土地の風土などを配慮するような視点はなく、むしろそうした側面は看過され、一方的に不潔だと目された。幕末から日本に訪れた西洋人は、日本人を自らの規範にもとづいたまなざしでみつめた。そこからそれほど時が経たないうちに、今度は日本人が自らの枠組みで、自分たちとは異なる習慣をもつ人々をまなざすようになった。

それは近代化の視点を短期間で手に入れたとも言えるだろう。早い段階でこの視点を獲得できたのは、清潔さと入浴という理念と、理念の根拠となるような習慣があるとされたからではないだろうか。

実は日本が東アジアを植民地統治下に置いていく過程でも公設浴場が作られていくのだが、そこでも現地の人々をこうした視点からとらえ、近代的な規範の枠組みのなかに当てはめようとする傾向がみられた。

第七章　世のため国のための身体

——国定修身教科書のなかの清潔規範

これまで、明治期の養生書から家政書、大正期の国民道徳論に至るまで、日本が近代化し、隣国との戦争を経るなかで、いかに日本人の国民性として入浴を好むこと（あるいは清潔好きであること）が繰り返し言及されてきたかを振り返ってきた。それは公設浴場の設置の動きとともに、日本人のなかで入浴習慣が規範化していく歴史でもあった。

終章であるこの章では、とくに一八八〇（明治一三）年の改正教育令施行後、一九四五（昭和二〇）年まで一貫して小学校科目のなかで最も高く位置づけられていた、修身教育を取り上げる。一九〇四（明治三七）年に教科書が国定化されて以降、修身教科書は国家が理想とする日本人の姿を説くものであり、その教えが日本人の規範として機能することがめざされた。この国定修身教科書を通して、国民性をめぐる言説の内実をより具体的に明らかにしたい。

国定修身教科書のはじまり

国定修身教科書からは、国民性の教化が国によっていかに行われたかがみえやすい。ただし、国民道徳論が盛り上がる以前から、修身の国定教科書化の動きは始まっていた。

一八八六（明治一九）年の小学校令施行によって、民間の出版社が教科書を作成して文部省の検定を受け、それを通過した教科書から府県ごとの教科書審査委員会が選定したものが使用されるという教科書検定の仕組みができあがった。当時検定された修身教科書は、海外の翻訳書や徳目主義に重点を置いたものなど、多様なものであったという。しかし一八九〇（明治二三）年の「教育勅語」の渙発によって修身教育の方向性は定められた。[★1]それは前章でみたように「忠君愛国」、つまり天皇制を基盤とする、よい日本人になるというものである。

修身科は国のための人材育成につながっており、国家の構築に大きく関わっていた。そのことから、教育勅語以降、修身科の教科書を国費で制作すべきという意見が現れるようになる。一八九六（明治二九）年には、貴族院で国費によって小学校修身教科書を編纂する旨の建議案が提出されている。[★2]

加えて、検定を通過した教科書の選定をめぐって民間の出版社と府県の教科書審査委員の間で不正行為があり、検定制度が疑問視されるようになった。当初、政府は国費での編纂を必ずしも教科書国定化に結びつけていなかったが、一九〇〇（明治三三）年に地方長官や府県知事から国定を求める意見が出され、政府は教科書の国定化に方針転換している。[★3]一九〇二（明治三五）年には「教科書疑獄事件」といわれる大規模な贈収賄事件が起き、[★4]これをきっかけに国定教科書の編纂がいっそう進展していくことになる。

翌年に小学校令が改正され、小学校教科書の国定教科書制度が確立した。ここから日本が敗戦を迎える一九四五年まで、小学校教育のなかで国定修身教科書が使用された。なお、当時小学校令によって一九〇〇年から一九〇七年までの義務教育の修業年限は尋常小学校の四年間であり、その後一九〇七年の小学校令の一部改正によって修業年限が六年生までとなった（一九四一年までは尋常小学校、一九四一年以降は国民学校初等科）。

修身教科書はいかに編纂されたか

国定修身教科書は、特定の委員会が編纂にあたった。一九四五年までに五度編纂され、第一期から第五期に分類される。編纂を担う委員会は発足後、二度改組されている。その性質を知るために、どういう人々が編纂を担ったのかにも簡単に触れておきたい。

まず一九〇四年から一九〇八年に編纂にあたったのが、修身教科書調査委員会である。修身教科書調査委員会のメンバーは委員長に加藤弘之を据え、委員は井上哲次郎、文部省普通学務局長の澤柳《さわやなぎ》静太郎《まさたろう》、文部省参与官で法学博士の木場《こば》貞長《さだたけ》、文部書記官の渡部《わたべ》董之介《とうのすけ》、中島力造《なかじまりきぞう》、井上円了《いのうええんりょう》らで構成された。この調査委員らの下に嘱託の起草委員として、井上の弟子である吉田熊次らが置かれた。

教科書の内容については後述するが、この修身教科書調査委員会は、内容に教育勅語の「忠君愛国」が十分に反映されていないと、また児童の興味を無視しているという批判を受けることになった。

この後の改組により、教科書用図書調査委員会が新たに編纂を担うことになった。この委員会は一九〇八年から一九二〇年まで教科書編纂を担当している。修身教科書を担当するのは「修身」主査委員として、穂積八束、森林太郎、中島力造、吉田熊次らが名を連ねた。なおこの改組で、井上哲次郎は「国語」主査委員の部長となっている。

委員会は一九二〇年に改組され、教科書調査会となる。これは図書監修官が原稿を策定し、それに対してチェックを行うというものだった。メンバーは吉田熊次、穂積重遠《ほづみしげとお》、芳賀矢一、徳富猪一郎《とくとみいいちろう》（蘇峰）、尾野実信《おのみのぶ》、小笠原長生《おがさわらながなり》らで構成された。尾野・小笠原は軍部の人間で、この時期には教科書編纂に対する軍部の介入があった。

「不潔だと人に嫌われ、病気のもとになる」

国定修身教科書の内容は、五度の編纂の通り、時期が五つに分けられる（各期には児童用と教師用の教科書が制作された)。

国定の尋常小学修身書は一九〇四年に発刊され、教育現場で用いられ始めた。第一期の教科書編纂の方針は、教育勅語にもとづき、児童の徳性の涵養《かんよう》、道徳の実践を指導すること、そして「健全ナル日本国民タルニ必須ナル道徳ノ要旨ヲ授クル」ことであった。[★5] なお、教師用の教科書は目録内容ごとに「目的」「説話要領」「注意」「主要なる設問」など、児童用の教科書の絵の説明や注意点、生徒に行う主要な設問などが明記されている。この時期はまだ国民道徳論は胎動《たいどう》ともいえる時期であり、目立った文献がそれほどあるわけではなかった。

とはいえ、第一期の国定教科書から清潔習慣を身につけることや健康な身体であることが推奨されており、「強い日本人」の創出がめざされていた。

具体的な内容をみてみよう。第一期の児童用の教科書で明確に「清潔」という言葉が用いられるのは第二学年のものである。教科書には「セイケツ(清潔)」という項目が挙げられている。内容は次の通りである。

カラダ　ヲ、キレイニ、セネ　バ　ナリマセン。カラダ　ヲ　キタナクシテオク　ト、

ビョーキ　ニ　ナル　コト　ガ　アリマス。
教科書ではこの文章の下部に、教室の外でたらいで手を洗う男児の様子が描かれている。教師用の教科書では、この「セイケツ」を教える目的は生徒に清潔な習慣をつけさせることとされ、下部の絵の説明も説話要領で明確にされた。[★6]
その説話要領は次のような内容である。一人の生徒が顔から首にかけて垢がついており、どうしてこのように不潔にしているのかと教師が尋ねたところ、生徒は誰も洗ってくれないからだと答えた。また、生徒の両手は墨で汚れていた。教師はすでに七歳になっているのだから、自分の身体は自分できれいにしなければならないといさめ、すぐに手と顔を洗うようにと命じた。説話要領の最後には、「不潔なるときは人にも嫌はれ、病気のもととなる」ので、常に清潔な習慣をつけさせるようにすべきだと記されている。[★7]
ここからわかるように、身体を清潔に保つ習慣を教えることは、対比となる不潔を顕在化させることにもつながっていた。注意では頭髪、歯、手足の爪、入浴の際に身体をよく洗うことという具体的な注意をもって諭《さと》すようにとある。[★8]ここで清潔を示す指標のなかに、入浴が身体の清潔との関わりとして明記されていたのがわかる。

「つよい日本人」と結びつく清潔・健康

第三学年の「けんこー」では、貝原益軒が幼い頃身体が弱かったため、養生して長生きしたという内容があり、最後に「ジョーブナココロハ、ジョーブナカラダニ、ヤドル」という格言がある。教師用の説話要領では、益軒の説話を受けて、身体が健康でなければ自らが不幸せなのはいうまでもなく、両親にも心配をかけ、「世間のために尽くす」こともできないと説明される。[*9] 健康である身体が社会的に役に立つものとして位置づけられているのだ。

また、教科書中の格言は説明されていないが、「備考」という項目が付け加えられた。身体の健康を保つための注意として、飲食物についてのこと、新鮮な空気と日光にあたること、休息や睡眠についてのこと、身体や衣服や室内を常に清潔にしておくことが明記された。清潔は健康に欠かせないものとして教授されたのである。[*10]

第四学年では「しんたいについてのこころえ（身体についての心得）」という項目がある。

（図7-1）

からだをじょーぶにするには、うんどーするのが、たいせつであります。着物はせい

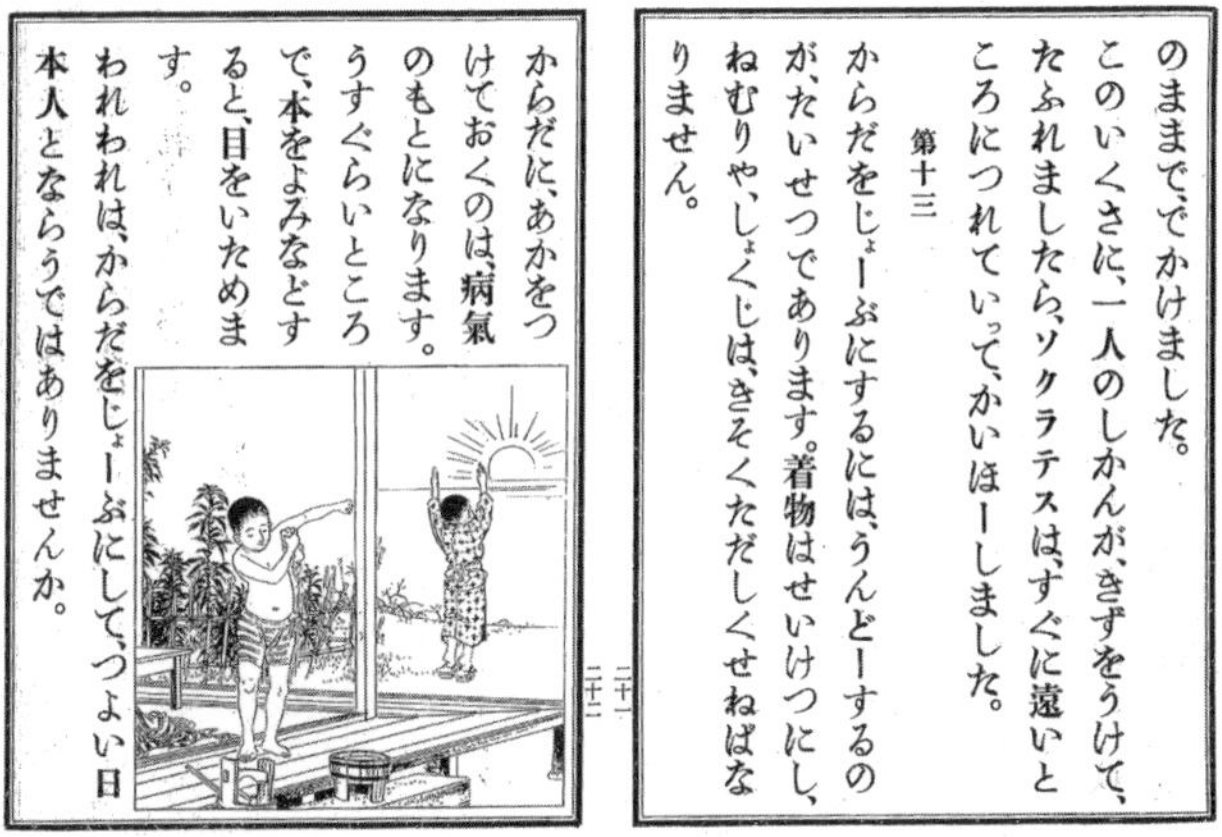
のままで、でかけました。
このいくさに、一人のしかんが、きずをうけて、たふれましたら、ソクラテスは、すぐに遠いところにつれていって、かいほーしました。

第十三

からだをじょーぶにするには、うんどーするのが、たいせつであります。着物はせいけつにし、ねむりや、しょくじは、きそくただしくせねばなりません。

二十一　二十二

からだに、あかをつけておくのは、病氣のもとになります。うすぐらいところで、本をよみなどすると、目をいためます。

われわれは、からだをじょーぶにして、つよい日本人とならうではありませんか。

図7-1　第一期国定修身教科書　第四学年

けつにし、ねむりや、しょくじは、きそくただしくせねばなりません。
からだに、あかをつけておくのは、病気のもとになります。（中略）
われわれは、からだをじょーぶにして、つよい日本人とならうではありませんか。

清潔に注意し、身体を丈夫にしておくことが「つよい日本人」という像と結びつけられている。

第四学年の教師用の教科書では、第三学年の「健康」と連関して教えるべきとされている。その説話要領では第三学年の「ジョーブナココロハ、ジョーブナカラダニ、ヤドル」という言葉に触れ、「身体健康なれば、心もまた爽快なるもの」だとして、身体が健康であって初めて学業に勉め、家業を営むことができるとされた。[11]加えて第三学年の注意と同様に、健康のためにはよい姿勢、運動、新鮮な空気が必要であり、衣服は寒暑を防ぎ便利なものなので、常に清潔にし、睡眠と食事に注意することとされている。また「身体の不潔は病の原因となる」として、手足を清潔にし、顔や髪をきちんと洗うことが記された。[12]

そして次のように記述は続く。[13]

諸子は将来己が望む所に従ひて、志《こころざし》を立て職業を習ひ、あっぱれよき日本人となりて、国の為めに尽さんと心がくるならん。

教師用の第四学年の教科書においては、「丈夫な身体」や「健康な身体」が国家のために尽くすもの、すなわち使用するべきものとして明確に位置づけられていた。

この時期の義務教育は尋常小学校四年生までの四年間だが、その上には高等小学校の二年間が設けられていた。その高等小学修身書の二年生の教科書に「公衆衛生」という項目がある。[14]

衛生に心を用ふることは、わが一身のためのみならず、公衆のためにも大切なることなり。(中略)衛生に注意せざりしため、伝染病にかかりなどすれば、人に迷惑をかけ、害をかうむらしむること多ければなり。

ここでは、衛生に気をつけることが自分のためだけではなく「公衆のため」でもあると説かれている。そして、伝染病にかかることは「人に迷惑をかけ」ると明記された。たしかに明治期半ば頃までの伝染病の流行を考えるとその注意は必要かもしれないが、ここでは病をもつ身体が人に迷惑をかけるという記述であることに注意しておきたい。こうした記述は第二期以降にも継続してみられるものである。

病気になることは怠慢?

一九一〇年より、第二期国定教科書の使用が始まった。第一期での批判を受け、国家への道徳、人間関係への道徳を教える内容が増加している。第二期の編纂方針は、日本国民に必須の道徳を教え、児童の徳性を育《はぐく》み、道徳の実践を指導するのに必要なものを授けることであった。[15]

第二期教科書の大きな特徴としては、一九〇七年に義務教育の年限が尋常小学校の四年間から六年間に変更され、教科書にも学年が明記されることから、巻一、巻二というように記されるようになったことである。第二期は日露戦争後の教科書であり、全体として国家主義思想の影響を受けていることがわかる。修身教科書は忠孝の側面が強くなり、「国家観念の涵養」に重きが置かれるようになった。また第二期では、二宮尊徳など人物に関する表記が増え、家族に関するトピックが増加している。

他方で第二期では、清潔や衛生に関する記述がやや少なくなった印象を受ける。まず巻二において、第一期の第二学年の内容にあった「せいけつ（清潔）」という項目がなくなっている。一方で巻二では「タベモノ ニ キヲツケヨ」や「キマリヨク セヨ」（食事の時間の注意）など、第一期第三学年の「健康」にみられた具体的な注意が現れるようになったといえる。全体としても、「ソセン ヲ タットベ」や「オン ヲ ワスレル ナ」など心得を直接的に説く内容が多くなった。変わらない点としては「シヤウヂキ（正直）」だろうか。[16]

また巻三では「けんかう（健康）」という項目は引き続きあるものの、末尾の格言「ジョーブナココロハ、ジョーブナカラダニ、ヤドル」が、「クスリヨリ、ヨウジヤウ」という言葉に変わった。[17]変更された詳しい背景は不明と思われる。

巻四には「身体」という項目があり、江戸期の国学者である伴信友《ばんのぶとも》が規則正しい生活を送り、年をとっても丈夫であったことから、「我等はつねに姿勢に気をつけ、運動を怠らず、着物はせいけつにし、ねむりや食事はきそく正しくしなければなりません。又からだにあかをつけておいたり、うす暗い所で物を見たりなどしてはなりません」と記述されている。[18]

それまでの高等小学校一・二年生にあたる巻五・巻六をみてみると、「衛生」が巻六にある。そこでは国も衛生に関する取り締まりをしているが、市井の人々の衛生に関する注意が必要だと説かれている。

人がもし怠慢にして意を衛生に用ひず、一朝伝染病に罹《かか》ることあるときは、自己に取りては自ら招ける禍《わざわい》なれども、之が為に多くの人命を傷《そこな》ひ、産業を衰へしむるに至りては、社会公衆に対して其の罪大いなり。

第一期と比較すると、衛生状態に注意しないことが他人の迷惑になるというより、より広い見地から衛生をとらえる記述である。だが、伝染病にかかることが怠慢によるという前提になっているようにも読める。

清潔・健康は親のため世のため国のため

第三期の教科書は一九一八(大正七)年から順次使用されるようになった。この時期は、一九一四(大正三)年に起こった第一次世界大戦が日本の生活に大きな影響を及ぼしていた。またこの時期はロシア革命からの社会主義の影響が大きく、労働争議などが相次ぎ、さらに大正デモクラシーが盛り上がった。政府は一九一七年に内閣直属の諮問機関である臨時教育会議を設け、教育に関する重要事項の諮問と答申、建議を行った。ここで修身教育の徹底が提案され、国定教科書にも大きく影響した。[★19]

さらに第三期は、国民道徳論の議論が隆盛するのと同時期の教科書であった。実際にその影響を受けている記述もみられる。たとえば、第二期の「法令を重んぜよ」や「規則にしたがへ」という箇所では、江戸時代の幕府高官が身分の低い役人の注意によって守るべき規則に従うという内容であったものが、第三期ではソクラテスの例に替えられ、国法を守って死ぬという内容に変わっている。[20]

また編纂方針の新しい点として、「近代的社会倫理」が重視され、また個人の心得について、清廉・良心など「心術の純潔」を重視する材料が加えられた。[21]

第三期の内容を、清潔さに留意しながらみてみたい。

巻二に「カラダ ヲ ヂヤウブ ニ セヨ」という項目がある。内容は二人の兄弟が、身体が丈夫でなければ立派な人になれないと学校で教えられたことから、兄弟は飲食物に気をつけ、朝早く起き、冷水摩擦や深呼吸をするようになったというものである。ここではもはや何の前置きもなく、身体が丈夫であることと「立派な人」が結びつけられている（図7-2）。

ソレ カラ 二人 ハ
ノミモノ ヤ タベモノ
ニ キ ヲ ツケ、アサ
ハ、ハヤク オキル
コト ニ シマシタ。
マタ レイス井マサツ
ヤ シンコキフ ガ
カラダ ノ タメ
十四
図7-2　第三期国定修身教科書（巻二）

巻三の「けんかう（健康）」と巻四の「身体」という項目があるが、これらは第二期から内容をそのまま引き継いでいる。

注目したいのは巻五に「衛生（其の一）」

「衛生（其の二）」が現れたことである。それまでなかった学年に現れただけでなく、衛生について二項目を割いている。とくに「其の一」の方に注目したい。冒頭は以下のように始まる。[★22]

> 子供が病気をすると、父母は大そう心配します。我等が身体を丈夫にするのは、父母の心を安んずる始です。身体が弱くて勉強が出来ないと、大きくなつてから役に立つ人になれません。我等が健康で一心に勉強するのは世のため国のために尽す始です。

自分の身体や健康は国のためだと最初から明言されている。さらに「身体が弱くてたびたび病気をするのは自分の不幸であるばかりでなく、一家の難儀であり国家の損失」だと述べられ、身体を強くするには「衛生の心得」が大事であり、清潔にしなければならないと説かれている。「衛生（其の二）」は第三期の巻六の「衛生」の内容と同様のもので、伝染病だけでなく、病そのものが人に迷惑をかけるという意味合いが強められたと考えられる。

ノ キタナイ モノ ガ アル ト、
「フロ ニ ハイッタ 時、ヨク オアラヒ
ナサイ。」
ト オッシャイマス。
シカシ、ケン一 ハ、イツモ カラダ ヲ
キレイ ニ シテ ヰマス ノデ、マダ、一ド
モ、センセイ カラ ゴチュウイ ヲ ウケタ
コト ガ アリマセン。
十二

五 カラダ ヲ ヂャウブ ニ
ケン一 ハ、
「カラダ ガ ヂャウブ
デ ナケレバ、ヤク ニ
タツ 人 ニ ナレナイ。」
ト、學校 デ ヲシヘラレ
マシタ。ソレカラ ハ、ノ
十三

図7-3　第四期国定修身教科書（巻二）

軍人としての身体育成

第四期国定教科書の時期は、一九三一（昭和六）年の満州事変の後にあたり、国家主義が強まり軍部の行動が目立つ時期でもあった。編纂方針として新たに加えられたものには「国体観念を明徴にする」ということがある。[★23]

巻二の「カラダ ヲ キレイニ」は従来の具体的な注意内容であり、その次の項目「カラダ ヲ ヂヤウブ ニ」では、身体が丈夫でなければ立派な人になれないという第三期の内容を継続するものである（図7-3）。

巻三の「けんかう（健康）」は、貝原益軒の話から「おやへ」という子どもの話に変更された。内容はこれまでと同様で、小さい頃身体が弱かったが、養生して丈夫になったというものである。巻四の「身体」は第三期から継続する内容だった。巻五の「衛生」は、第三期で分かれていた内容を合わせ、ひとつの項目にまとめられている。

特徴的なのが、巻六の「国民の務め」である。「其の一」から「其の三」まであり、「其の一」には、日本男子は少年のときから身体を強健にし、元気を養って見事に徴兵検査に合格して陸海軍に入り、名誉ある護国の義務を果たせるように心がけなければならないという要旨が記された。従来の教科書にも「よい日本人」という項目で身体を丈夫に、という記述はあったが、ここでは明確に軍人としての身体育成が示唆されている。このとき明確に、それまでとは一線を画す身体、すなわち軍隊のための身体が記されたといえる。

戦時下の修身教科書

一九四一年四月から国民学校令によって、「小学校」という名称は「国民学校」に変更され、尋常小学校の六年間は国民学校初等科として位置づけられた。国民学校の目的は「皇国ノ道」にのっとり、国民のための「基礎的錬成」を行うこととされている。「皇国ノ道」とは教育勅語の「国体の精華と臣民の守るべき道の全体」とされ、戦時下の教育体制

オトウトガ、
ビャウキデ
ネテ ヰマス。
オトウサンモ、
オカアサンモ、
ソバニ ツイテ
シンパイシテ
イラッシャイマス。
二十六

ワタクシハ、
オヤニ
シンパイヲ
カケテハ
ナラナイト
オモヒマシタ。
二十七

図7-4　第五期国定修身教科書（『ヨイコドモ』上）

の時期でもあった。★24

この時期にあたる第五期国定教科書は、一・二年生用が『ヨイコドモ』上下巻、三〜六年生用は『初等科修身』一〜四巻となった。ここでは「衛生」といった項目はみられず、兵隊に手紙を書く話や紀元節、明治節の話、満州国の話など、時局が反映されている。

これまでの教科書でみられた丈夫な身体といった記述は、『初等科修身　二』の「日本の子ども」にみられる。そこでは「私たちは、日本のやうにすぐれた国に生まれたことをよくわきまへて」心を磨くこと、そして「からだをぢやうぶにし、強いたくましい日本国民になって、お国のためにはたらくことができるやうに（後略）」という記述がみられる。

『初等科修身　四』では、「父と子」という吉田松陰《よしだしょういん》の幼少期の父親との対話が記述されている。対話の内容は日本国民の心得を説くものである。対話のなかで父が息子に「いつもいふやうに、からだを洗ひ、心を清めるのだ」と述べ、母が「あかのつかない、さつぱりとした着物を取りそろへて」待っていたという記述がある。身体と衣服を清潔にすることが、精神的な清潔さにもつながるという、これまで繰り返し語られてきた描写である。

さらに注目したいのは、『初等科修身　三』の「軍神のおもかげ」と「特別攻撃隊」の内容だ。「軍神のおもかげ」は日露戦争が始まった当初、皇太子の誕生日に戦死した中佐の話で[★25]、「特別攻撃隊」は真珠湾攻撃に最初の奇襲をかけた将校たちの話である[★26]。どちらも国、天皇、軍に忠節を誓い死んでいった話である。

繰り返しになるが、第五期の内容はとりわけ時局を反映し、また軍部の影響が強い。とはいえ、この忠節のために命を賭けるという内容は、井上哲次郎をはじめとする国民道徳論者の当初からの主張に合致するものとみなすことができるだろう。

正課としての入浴

修身教育の国定教科書で示された清潔さをめぐる記述も、身体を軸として、清潔で丈夫であることが良しとされ、不潔であること、あるいは病気になることは自身が困るだけではなく、他者の迷惑になるという文脈で規範が強められていった。

第一期から第五期までの教科書改定の背景には、小学校令改正、第一次世界大戦や太平洋戦争など当時のさまざまな社会的背景がある。それをふまえても、第一期から第五期の教科書を通してみると、国民道徳論のなかで説明されていた潔白性の性質、すなわち清潔な身体と、忠節(国)のために命を賭けるということが、軍国主義とも相まって時代を経るごとに色濃く反映されていったことがわかる。

教科書における清潔の維持や入浴習慣の教化は、単に記述のみにとどまらなかった。図7-5は一九四二(昭和一七)年頃の沖縄の南風原《はえばる》国民学校に設けられた学校風呂である。これを「大阪朝日新聞」(一九四二年三月二六日)は次のように報じている。

> 沖縄県(中略)南風原国民学校で学童の入学当時入浴調査をしたところ、なかには半ケ年以上も風呂に入っていないのがをるといふので、学校当局では、これではヨイコドモになれないと県下の初めての学校風呂を設け、入浴を正課とし、時間割表の中にもちゃんと入浴の時間があって教師の指導で入浴している。

図7-5　南風原国民学校の学校風呂（出典：記念誌編集委員会『南風原小学校創立百十周年記念誌』南風原小学校創立百十周年記念事業期成会、1990年）

全校生徒の入浴回数について調査したところ、半年に一回しか入浴しないという生徒もおり、これは「ヨイコドモ」になれないと、学童の体位劣弱の改善のため、学校で入浴指導を行ったというのである。

入浴習慣は国民道徳論によって「日本国民の清潔さ」の指標とされた。さらに教科書と小学校教育を通じ、日本人のあるべき姿を示すひとつの規範として位置づけられるようになっていった。

この後、日本は戦争に突き進んでいく。戦時下では衛生状態が悪化した地域も多かった。それとは逆行するように、精神的な清潔さは教化されていった。

「清潔さ」という強固な指標の土台は、日本という国家と結びつきながら形成されていったのである。

あとがき

スコット・フィッツジェラルドの小説『グレート・ギャッツビー』に、次のような場面がある。

ギャッツビーの隣人であったニック・キャラウェイがギャッツビーの父親と会い、父親からギャッツビーの「いつもの心がけ」とスケジュールを見せられる場面である。

心がけには禁煙や読書、貯金などと並んで、「一日おきに入浴する」というものがあった（この心がけをギャッツビーが書いた日付は一九〇六年九月一二日とある）。とくに注意していなければ読み飛ばしてしまうような箇所だろう。フィッツジェラルドがこの小説に着手したのが一九二二年というから、公衆浴場運動が広まっていた頃だと考えられる。

『グレート・ギャッツビー』は、アメリカの階級社会の話だという印象が私には強い。アメリカの片田舎出身の一人の青年が、かつて愛した女性（過去の輝かしい思い出）を取り戻すという夢をつかもうとする。父親から見せられるこの心がけは、ギャッツビーが良識的なアメリカ市民になろうとしていたことを表しているといえる。公衆浴場運動で啓蒙されたように、入浴して身なりを整えている人間は社会から逸脱していない、発言権のある、社会的に信頼されうる市民だとみなされていたからである。

しかし、これを「心がけ」として掲げなければならなかったということは、彼らが上流階級どころか、社会の成員としてみなされるかみなされないかギリギリのところにいたことを示している。小説の最後で示されるこの心がけの箇所は、ギャッツビーが愛する人の属する上流階級に決して入れないこと、彼が階級社会に阻まれ、経済的に大きな富を得るためには裏社会に入らざるを得なかったことを象徴しているような場面である。

そのように、西洋では市民性と結びつけられていった清潔さは、日本では国民性という思想と結びついていった。その点をより強力に後押ししていったのは、教育学や倫理学に関わる国民道徳論者であった。本書で引用した文章は、非常に熱意をもって記述されていたようにみえる。彼らがいったいどこまで本気で書いていたのかと疑問に思うことは、一度や二度ではなかった。とはいえ、実際に本気で書いていたのだろう。この当時の情勢をふまえると、日清・日露戦争がその筆致に大きく影響を及ぼしていたことはおそらく間違いない。「よい日本人」となるために入浴は不可欠なものであり、家庭と学校という両輪で啓蒙が駆動されることにより、清潔さは国民性を表す必須の特徴だとされていった。

こうして歴史を振り返ると、入浴は人間の行為だが、その行為を意味づけることで、入浴という行為をめぐる思想や文化を形成してきたことがわかる。とくに入浴には身体を「洗う」ことが含まれるためか、「清潔」という概念と切り離せないものとして理解されてきた。さらに、さまざまなアクターがそれぞれの思惑を通して入浴という行為を意味づけ、それを通して自分たちのアイデンティティを確保、あるいは強化していった。入浴施設である公衆浴場も、そのような影響を強く受けながら存続してきたのである。

それでは、清潔さとはいったい何だろうか。基本的に「清潔」はよい意味でとらえられている。そこに悪い意味などないと考える人のほうが多いだろうし、実際、清潔にすることは病気を予防し、健康を維持するうえで非常に重要なことである。

もう少し分節して考えてみる。清潔にするためには、何をすることが必要だろうか。そのために何から始めればいいのだろうか。それは、清潔でないものをみつけるところから始まる。汚いとされるものをみつけ、それを除去する。入浴では垢を取り除き、掃除ではごみを捨てる。つまり、清潔さとは〈不潔〉を見出し、それを取り除くことで成立する。

不潔と聞けば、病原菌やウイルスなどを思い浮かべる人が多いかもしれないし、泥や垢で汚れている服など具体的なものを想像する人もいるだろう。不潔なものを除去しなければ、清潔という状態などありえない。

ここで問いたいのは、不潔であることを、誰がどのように決めるのかということだ。衛生的な側面から考えると、不潔とは病気になるリスクであり、そこに疑いなどないと言う人もいるかもしれないが、病気の原因が不明であるものも非常に多い。つまり不潔とは、ある程度恣意的に決めることができる（決めざるを得ない）ものだと言い換えることができる。

清潔であることはよい側面もある。だが、単に衛生的な意味のみならず、ある種社会的に逸脱した存在が不潔だとみなされることもある（不潔だという表象をとらなくても、社会的に問題があるとみなされることがある）。それらを清潔さの維持のためにみつけ出し排除するということが、歴史のなかでは感染症が流行するたびに何度も繰り返されてきた。二〇二〇年にパンデミックとなったＣＯＶＩＤ‐19の対策においても同様の動きがあった。ロックダウンや行動制限は感染症の蔓延防止のために必要だとされた一方で、感染症対策が他者の排除につながるという側面に注意を向ける人々もいたのである。公衆衛生の倫理的な課題にもつながる問題である。

入浴を通じた清潔規範の歴史を振り返ると、この清潔さと不潔さの関係が実によくわかるのではないだろうか。不潔な行為のみならず、不潔なものとして存在を排除されてきた人々もいる。清潔さは単に衛生的な意味だけでなく、社会的排除の概念と結びついている。入浴施設は多様な側面をもつ、面白い場所である。その一方で、清潔さと切り離せないため、ある種、利用されやすい場所であるともいえるかもしれない。


本書の内容は、二〇一六年に刊行した拙書『近代日本の公衆浴場運動』と、その後発表したいくつかの論文をもとにしている。単著を刊行してから、やり残したことやそこで得たヒントをふまえて研究を進めてきた。その一部が本書の内容となった。

『風呂と愛国』というタイトルは、本書の依頼を受けたときからイメージしていたのだが、最後までこのタイトルでよいのか迷ってもいた。政治学者の将基面貴巳《しょうぎめんたかし》は、『愛国の構造』(二〇一九年)のなかで次のように述べる。

「愛国」という概念ほど、その理解と評価が極端に分裂するものも多くない。一方では「愛国」を最上級の美徳であると捉える向きがある。トランプ米国大統領やプーチン・ロシア大統領が「愛国者」について語るとき、その対象は明らかに最大級の称賛の的となっている。国家のために死んだ兵士たちが「愛国者」として公の場で顕彰されるのは世界各地でみられることである。

他方で「愛国」に胡散臭《うさんくさ》さを嗅《か》ぎつける向きも少なくない。

このように、「愛国」という概念は時代背景とともに、あるいは人によって受け取られ方が大きく異なる。入浴と思想の関係を論じた本書の後半部も、どのように受け止められるのだろうかと、何度も執筆する手が止まった。

もう少し書き加えればよかったのだが、「愛国」という概念をめぐっても明治初期から議論がある。愛国心という概念も近代に創出したものであり、文脈によってさまざまな意味で用いられることには注意しておく必要がある。

執筆するなかで、清潔さは愛国心とも親和性が高いことに気づかされた。清潔さも愛国心も、どちらもその個々人の主張に、道徳的・政治的正当性を持たせる機能があるからである。そのような意味で、『風呂と愛国』というタイトルに（編集者の方と何度か相談しながら）落ち着いた。

公衆浴場というひとつの施設から、このようなある思想が示され、また世界中のさまざまな景色が、その歴史が提示される。私はこの景色をずっとみているのだが、本書を手にとってくれた方にも同じような景色をみてほしいと願っている。

浴場というひとつの施設をテーマにすると、どこに行ってもそれに注意するようになる。本書で取りあげた西洋の公衆浴場運動については、海外でその跡地などに行くと、当時、それぞれの国が何を重視していたかがよくわかる。このあとがきはオーストラリアで書いているのだが、ここでも公衆浴場運動の一環で作られた浴場やプールを目にすることができた。

また不思議なことに、海外の研究者や現地の人々とも浴場について話がはずむことがある。興味深いことに、日本とは異なる文脈で話がはずむ。オーストラリアでも公衆浴場運動の影響があると思われ、そこで作られた浴場はプールとセットになっていることが多い。そのため、スポーツや体力づくりの文脈を抜きに考えることはできない。加えてオーストラリアが、欧州やアメリカとも違う、別の歴史のある地域である点にも留意する必要がある。

メルボルンのシティ・バス。1860年にオープンし、現在でもプールやジムなどに利用されている

また、イギリスで二〇世紀前後に建てられた公衆浴場には階級別の入口があった。近代の日本の公衆浴場の入口はそうなっていないのかと聞かれたこともある。そのような意味でも、公衆浴場はその社会を色濃く反映している施設である。

さらにもうひとつ付け加えておきたいのは、浴場も入浴習慣も社会だけでなく、その土地の気候・風土・自然環境に非常に影響されているということである。自分が生まれ育った土地の気候を、そこに暮らしたまま意識するのは難しい。そのため、この点は気づかれにくい。

たとえばヨーロッパの北の方は、夏でも湿度が高くなく過ごしやすい。ドイツやフランスなど硬水である地域も多く、入浴した後や洗髪した後には、体や髪がすぐに乾燥する。初めてヨーロッパに行ったとき、これは毎日風呂に入らなくなるのはよくわかると感じたものだった。入浴習慣が途絶えたのも、この気候では体感的にもさして問題はなかったの

シドニーの海岸沿いにあるマホン・プール。海岸の一部をコンクリートや石で埋め立てた海水のプール。満潮となるとプールはみえなくなり、干潮の時に泳げるようになる

ではないだろうか。

一方、日本は、地域にもよるが夏は蒸し暑く、冬は寒い。四季があるといえば聞こえはいいが、気候として体感的には過ごしにくいことも多いだろう。火山国であり、また水も軟水であるところが多いという自然環境もある。こうした気候や自然環境と社会的な環境が相互に連関し、入浴習慣が生じ、浴場も作られていったのだろう。

さて、私は二〇一六年の拙著のあとがきで次のように記した。

公衆浴場というテーマは当初思い描いていた以上の、また想像もしていなかった多様な景色をみせてくれるものであった。

いまもまた、これを書いたときと同じような思いがある。公衆浴場や入浴をめぐる歴史は非常に豊かなものであることを、調査のたびに実感させられる。本書でその一端が少しでも伝われば幸いである。その豊かさは新しいことを知るということだけではない。これまでとは異なるものの見え方に気づかされるということでもある。入浴と清潔の歴史は、現代の私たちが当たり前だと思っている価値観を問い直しているのだ。

本書のお話をいただいてから職場でもプライベートでも色々なことが重なってしまい、そのため原稿執筆は遅れに遅れ、刊行するまでずいぶんと時間がかかってしまった。かなりギリギリまで、本当にこれは完成するのかと私自身が不安に感じることもあった。

香川知晶さんには何度も励ましの言葉をもらい、原稿のチェックもしていただき、大変お世話になった。また同じ立命館大学生存学研究所に所属する岩田京子さんには最後の最後で細かなチェックをしていただいた。

そして、何よりも本書は編集者の田中遼さんのおかげで刊行できた。今回の執筆に、私はかなり手こずっており、田中さんは横でひやひやしていたと思う。それでも辛抱強く待ち、ときに励まし、懇切丁寧にフォローをしていただいた。諦めないでいてくださってありがとうございました。

お世話になったすべての方々に心よりお礼申し上げます。

最後に、そんなつもりはなかっただろうが研究関心の出発点をくれた両親にも、感謝の気持ちを伝えたい。

川端美季

二〇二四年九月

注

【第一章】

1 唐の義浄が翻訳し、法隆寺に伝来したといわれる経典。https://emuseum.nich.go.jp/detail?langId=ja&webView=&content_base_id=101018&content_part_id=0&content_pict_id=0（二〇二四年九月一三日取得）

2 江夏弘『お風呂考現学――日本人はいかにお湯となごんできたか』TOTO出版、一九九七年、一七頁

3 全国公衆浴場業環境衛生同業組合連合会『公衆浴場史』全国公衆浴場業環境衛生同業組合連合会、一九七二年、二四―二五頁

4 松尾剛次「湯屋の皇后伝説の変容」『宗教研究』第九六巻第二号、一七二頁

5 湯女の起源についてはさまざまな説がある。ここでは二つの文献から紹介したい。武田勝三は湯女について次のように述べた（武田勝三『風呂と湯の話』塙書房、一九六七年、一一二頁）。

湯女の系図をさかのぼってみると、その始祖は、なんと、抹香くさい寺僧である。（中略）浴堂を預り、これを管理する役僧を湯維那《ゆいな》と称し、略して湯那《ゆな》と呼ぶ。（中略）この習慣から、銭湯が始まっても、その主人《ママ》をも湯那と呼んでいる。（中略）戦場を馳せめぐる武将が休養して入浴するようになると、少しでも心をやわらげるために、入浴の流しから髪結い、衣服の世話までする女が現われ、これが武将は勿論、入浴男子に喜ばれ、湯屋・風呂屋に欠くべからざる存在となった。この女のことをはじめは「湯那の女」と呼んでいたが、略して「ユナ」と称し、湯女・湯名・湯娜の文字をあてるようになった。

中桐確太郎は、次のように述べている。（中桐確太郎『日本風俗史講座 第十巻 風呂』雄山閣出版、一九二九年、一三九―一四〇頁）

湯女の起源につきては（拙稿日本温浴史話の温泉趣味の中にも述べたこともあるが）、伝ふる所によれば、湯女は仁西上人が有馬温泉を再興せられた時に始まるとせらる。上人は大和国吉野郡河上、高原寺の住職であった

が、熊野権現の御夢告によりて有馬に来り、温泉を再修し、吉野河上の民を率ひ来りて湯を守らしめ、（中略）老若の二婢を置きて、諸国より来集する浴客の世話をさせたのだといふ。二婢のうち、老いたるを大湯女と称し、（中略）若き方は（十三四歳位より十七八歳位迄にて）之を小湯女といひ、（中略）代々之を襲くことゝしてあるさうであるが、湯女は昔は白衣紅袴の装束を着け、歯を染め黛を描きて、恰かも上臈（筆者註＝遊女）の如き姿をなし、専ら高位公卿の操浴せらるゝ前後、休憩の折に当り、座に侍りて、或は碁を囲み、或は琴を弾き、又は和歌を詠し、今様などして、徒然を慰むるを以て業となしたるほどのものであつたさうである。

6 全国公衆浴場業環境衛生同業組合連合会『史料解説附公衆浴場史略年表稿本（明治以前）』一八七頁

7 三浦浄心『江戸史料叢書　慶長見聞集』新人物往来社、一九六九年、一六〇頁

8 江夏『お風呂考現学――日本人はいかにお湯となごんできたか』

9 山東京山（岩瀬百樹）『歴世女装考』一八四七年

10 戸沢行夫「湯屋株と町共同体――江戸の地域と商業」『亜細亜大学経済学紀要』第二五巻第一号、二〇〇〇年、九二―九五頁

11 喜田貞吉「湯屋と風呂屋と温泉」『地球』第二巻第一号、一九二四年、四八―六一頁

12 武田『風呂と湯の話』一〇六―一〇七頁

13 恵良速『風呂――其構造と施工法』工業図書株式会社、一九三五年、六頁

14 京都市社会課「京都市社会課叢書第一三編　京都の湯屋」一九二四年、三四頁（近現代資料刊行会編『日本近代都市社会調査資料集成四　京都市・府社会調査報告書Ⅰ　一一　大正一三年（一）』近現代資料刊行会、二〇〇一年所収）

15 『都之記』上巻（歴彩館［旧京都府総合資料館］所蔵）

16 「塩湯・潮湯」とも言う。海水や塩分を含んだ温泉などを利用するものを指していると思われる。

17 岩生成一監修『京都御役所向大概覚書（上巻）』清文堂、一九七三年、一二九一頁

18 明治期以降、浴場に関わる法規制を定めた府県は、営業目的の浴場を「湯屋」とするところが多かった。

19 武田『風呂と湯の話』一〇‐一一頁、江夏『お風呂考現学――日本人はいかにお湯となごんできたか』、大場修『物語 ものの建築史 風呂のはなし』鹿島出版会、一九八六年
20 渡辺信一郎『江戸の女たちの湯浴み――川柳にみる沐浴文化』新潮選書、一九九六年
21 喜田川守貞「守貞謾稿 巻之二十五」朝倉治彦・柏川修一編『守貞謾稿 第四巻』東京堂出版、一九九二年、三九頁
22 喜田川「守貞謾稿 巻之二十五」、四二頁。現在も温泉などで脱衣所と浴室の仕切りがないところもある。
23 喜田川「守貞謾稿 巻之二十五」、四二頁
24 喜田川「守貞謾稿 巻之二十五」、四二‐四五頁
25 男女同じ浴槽になっている構造の湯屋は、女湯の日を月八回に標準として定めることが申し渡された。風紀を正すために、湯屋を利用する女性にとっては不便もあるが了承することが求められたという。中井信彦「寛政の混浴禁止令をめぐって――近世都市史の一断章」『史学』第四四巻第三号、一九七二年、一一六‐一一七頁
26 中井「寛政の混浴禁止令をめぐって――近世都市史の一断章」、一一五‐一二九頁
27 中井「寛政の混浴禁止令をめぐって――近世都市史の一断章」、一二八‐一二九頁
28 渡辺『江戸の女たちの湯浴み――川柳にみる沐浴文化』、二四九‐二五九頁
29 戸沢「湯屋株と町共同体――江戸の地域と商業」、五‐六頁
30 戸沢「湯屋株と町共同体――江戸の地域と商業」、五頁
31 戸沢「湯屋株と町共同体――江戸の地域と商業」、五‐六頁
32 戸沢「湯屋株と町共同体――江戸の地域と商業」、六頁
33 式亭三馬・神保五彌校注『新日本古典文学大系86 浮世風呂・戯場粋言幕の外・大千世界楽屋探』岩波書店、一九八九年、四五一頁
34 こうした点は中野明も指摘している（中野明『裸はいつから恥ずかしくなったか――日本人の羞恥心』新潮社、二〇一

〇年)
35 J・R・ブラック著、ねずまさし・小池晴子訳『ヤング・ジャパン1 横浜と江戸』平凡社、一九七〇年、三頁
36 ペリー著、土屋喬雄・玉城肇訳『ペルリ提督日本遠征記 四』岩波書店、一九九〇年、三〇頁
37 なお、原著の該当箇所は公開されている(https://archive.org/stream/narrativeofexped0156perr#page/n553/mode/2up 二〇一四年九月九日取得)。近年、この箇所については次のようにも訳されている。(M・C・ペリー、F・L・ホークス著、宮崎壽子監訳『ペリー提督日本遠征記(下)』角川ソフィア文庫、二〇一四年、三〇六頁

日本の下層階級の人々は、たいていの東洋諸国民より道徳心が高いにもかかわらず、淫らであるのは間違いない。入浴の光景を別にしても、猥褻な挿し絵付きの大衆文学には、民衆のある階級の趣味や習慣が不道徳であることを十分に証明するものがあった。その淫猥さはうんざりするほど露骨であるばかりでなく、汚れた堕落の恥ずべき指標だった。

38 S・W・ウィリアムズ著、洞富雄訳『新異国叢書8 ペリー日本遠征随行記』雄松堂出版、一九七八年、三〇三頁
39 立川健治「外からみた我々の身体性(一)――かつての裸体と混浴」『富山大学人文学部紀要』第二四号、一九九六年、八一頁
40 ペリー、ホークス『ペリー提督日本遠征記(下)』、三〇四頁
41 ペリー、ホークス『ペリー提督日本遠征記(下)』、三〇七頁
42 W・ハイネ著、中井晶夫訳『新異国叢書第2輯2 世界周航日本への旅』雄松堂出版、一九八三年、一三三頁
また翻訳者の中井晶夫はその本の中で以下のように述べている。

本書の内容を見ると、条約交渉の部分は、『ペルリ提督日本遠征記』を略述したようなものであり、また日本の歴史・民族・風俗などは、ハイネがシーボルト、ティチングなど先人の日本研究書を参照してまとめ上げた作品で、誤りも目立ち、見るべきものは少ない。しかし、本書の価値は、二十六歳の青年ハイネが、好奇心に満ち進取の気性に富んだ日本人と親しく交わり、また東洋の島国の美しい自然に接したときの感激を、

率直かつ感性ゆたかに語っている部分にある。
43 T・ハリス著、坂田精一訳『ハリス日本滞在記　中』岩波文庫、一九五三―一九五四年、九五頁
44 立川「外からみた我々の身体性（二）――かつての裸体と混浴」七七―九八頁
45 オールコック著、山口光朔訳『大君の都――幕末日本滞在記（上）』岩波文庫、一九六二年、一四九頁
46 E・スエンソン著、長島要一訳『江戸幕末滞在記』新人物往来社、一九八九年、九四頁
47 中野『裸はいつから恥ずかしくなったか――日本人の羞恥心』、七一―七三頁、一二七頁
48 オールコック著、山口光朔訳『大君の都――幕末日本滞在記　中』岩波文庫、一九六二年、一七一頁
49 J・R・ブラック『ヤング・ジャパン１　横浜と江戸』、九八頁
50 J・R・ブラック『ヤング・ジャパン１　横浜と江戸』、一五七―一五八頁
51 E・S・モース著、石川欣一訳『日本その日その日　１』平凡社、一九七〇年、八九頁
52 A・アンベール著、高橋邦太郎訳『新異国叢書１５　幕末日本図絵　下』雄松堂出版、一九七九年、一一一頁

【第二章】

1 岡本綺堂「明治時代の湯屋」青空文庫　https://www.aozora.gr.jp/cards/000082/files/48020_31199.html　二〇二四年三月二三日取得
2 江戸の湯屋では毎日早朝に人家付近を捨てられた木材や木屑を拾い集め燃料として利用するのが常であったようである。木屑の収集が困難になると、近隣地域から運搬される薪の購入に頼ることもあった。また、江戸では火事が頻繁に起こったが、その焼け跡の片づけを条件に、焼け跡の木材は湯屋に無料で引き渡された。ほかにも邸宅の植木の枝なども、湯屋に利用されることが近年まで続く地域もあった。全国公衆浴場業環境衛生同業組合連合会『公衆浴場史』全国公衆浴場業環境衛生同業組合連合会、一九七二年、一三七頁
3 警視局『東京警視本署布達全書』一八七八年、五六頁

4 戸沢行夫「湯屋株と町共同体——江戸の地域と商業」『亜細亜大学経済学紀要』第二五巻第一号、二〇〇〇年、七一-九六頁

5 藤森照信『明治の東京計画』岩波現代文庫、二〇〇四年、五七-五九頁

6 藤森『明治の東京計画』

7 藤森『明治の東京計画』、六〇-六一頁

8 単に不燃物にすればいいというものではなく、石造の場合は厚さ八寸以上、土蔵造は壁厚さ柱外三寸以上などと細かく定められていた。

9 鈴木淳『町火消たちの近代——東京の消防史』吉川弘文館、一九九九年、一三六-一三七頁

10 警視庁『警視庁令類纂　第六冊』一八九八年、六七九-六八五頁

11 構成及び内容は一章(第一条から第十八条)が総則、二章(第十九条全十二項)が構造制限、三章(第二十条、第二十一条)が組合について、四章(第二十二条)が罰則について定める規定となっていた。

12 警視庁『警視庁令類纂　第六冊』一八九八年、六八二-六八三頁

13 汚水を流す経路を設けることは、一八八五年の熊本の「湯屋取締規則」、一八八六年の富山の「湯屋営業取締規則」、一八八八年の福岡の「湯屋営業取締規則」などでも定められている。

14 京都府『京都府布令書』京都府、一八八六年三月二二日発行

15 京都市社会課『京都市社会課叢書第一三編 京都の湯屋』一九二四年、三三頁

16 また、江戸期からあまり変わらなかった点として、湯屋営業の仕組み(湯屋株)、男女混浴などが挙げられている。男女混浴は、一八七一年頃まで続いたとある。京都市社会課『京都市社会課叢書第一三編 京都の湯屋』、三四頁

17 喜田川守貞は『守貞謾稿』のなかに湯屋の燃料に関する記録を残している。大坂の湯屋では薪を使うことが主であり、それに対し、江戸の湯屋では薪も使用したが、古材朽木がある場合は湯屋の下男がそれを引き取った。このような下男は湯屋近辺を回って木材を集めたり、芥溜場や川岸などで木材を拾ったりすることもあった。

このような習慣は「文政以来」のことであると記されている。喜田川はこのことを「湯屋の木拾い」というと記述している。喜田川は江戸の「湯屋の木拾い」に非常に注目して記しているが、大坂と京都については木拾い人、またはそれに該当するような存在についてはまったく記していない。このことから、おそらく江戸後期から江戸と大坂・京都の違いははっきりしていたのではないかと考えられる。喜多川守貞「守貞謾稿　巻之二十五」(朝倉治彦・柏川修一編『守貞謾稿　第四巻』東京堂出版、一九九二年)、四九頁

18 京都市社会課『京都市社会課叢書第一三編 京都の湯屋』

19 京都では明治期を通して浴場数が増加していったことも湯屋の定義を取締規則のなかに入れたことと無関係ではないかもしれない。一八七七(明治一〇)年の京都市内の公衆浴場数は「湯屋、風呂屋合せて百六軒」であったが、一九〇三(明治三六)年には二四二軒にまで増加していた。さらに一九二〇(大正九)年までの間に湯屋数は漸増していった。

20 岩手県警察部「湯屋取締規則」『現行岩手県警察要規　下』岩手県警察部、一八九三年、一一二五頁

21 富山県警察本部『富山県警察規則類纂』富山日報社、一八八九年、四九四頁

22 山形県警察本部「湯屋営業取締規則」『山形県警察法規　地』山形県警察本部、一八八九年、三四-三五頁

23 大日方純夫『日本近代国家の成立と警察』校倉書房、一九九二年、二五-二六頁

24 東京警視庁は一八七四年に創設された後、一八七七(明治一〇)年一月一一日に内務省警視局へ主管事務を移管され、一時廃止された。その理由として以下の二点が挙げられる。ひとつは国政が安定せず、農民や士族による騒乱事件が相次いで発生し、地方の警察はこれらに対処できる状態ではなく、警視庁に頼らざるを得なかった。そのため、東京警視庁が他の府県警察に対して圧力を加える恐れがあると見なされていた。もうひとつは、予算の問題である。政府は一般の租税を減らし、国民生活の安定をはかろうとする基本政策が示した。各省において、経費削減の政策をとっているのにもかかわらず、警視庁のみが膨大な予算を持ち独立警察を維持することは政府の施策に反すると見なされたのである。一八八一(明治一四)年一〇月一四日に警視庁は再び設置され

25 た。京都府警察史編集委員会『京都府警察史第二巻』京都府警察本部、一九七五年、三五一頁
一八七四年一月二七日に東京警視庁職制並諸規則仮定が制定されていた。京都府警察史編集委員会『京都府警察史第二巻』、三四七頁。大日方純夫編『明治前期警視庁・大阪府・京都府警察統計I』柏書房、一九八五年、二九頁
26 大日方『日本近代国家の成立と警察』
27 一八六九年に男女混浴を禁止する布達が出ている。東京都編『東京市史稿　市街篇五〇』東京都、一九六一年、四七四–四七六頁
28 大日方『日本近代国家の成立と警察』、一七〇–一七四頁
29 罪を犯した者は「贖金《あがないきん》」が追徴される。贖金を納められない者は笞刑や拘留に処せられた。
30 警視庁『警視庁史稿』警視庁、一八九三年、一七–二二頁。内務省警保局『庁府県警察沿革史』原書房、一九七三年復刻
31 京都府警察史編集委員会『京都府警察史第二巻』、二一一–二一二頁
32 府県ごとに定められた「違式詿違条例」はその後「違警罪」となり、一九〇八（明治四一）年には刑法と分離され「警察犯処罰令」に、そして戦後には軽犯罪法へと継承された。
33 「讀賣新聞」一八七六年一月二二日発行
34 小野芳朗『〈清潔〉の近代――「衛生唱歌」から「抗菌グッズ」へ』講談社選書メチエ、一九九七年、小林丈広『近代日本と公衆衛生――都市社会史の試み』雄山閣出版、二〇〇一年
35 岡本「明治時代の湯屋」
36 岡本「明治時代の湯屋」
37 岡本「明治時代の湯屋」
38 岡本「明治時代の湯屋」

【第三章】

1 清水一彦は、江戸時代の識字率が高かったという言説は一九七〇年代に受容されたと指摘している。清水一彦「出版における言説構成過程の一事例分析――「江戸時代の識字率は高かった」という〝常識〟を例として」『出版研究』四八号、二〇一七年、一-二二頁

2 ペリー著、オフィス宮崎編訳『ペリー艦隊日本遠征記 上』万来社、二〇〇九年

3 現在も「養生」という言葉は一般的なものであり、健康のための体づくりといった本が多く出版されていると考えるとイメージしやすいかもしれない。

4 瀧澤利行『健康文化論』、大修館書店、一九九八年、一八頁

5 瀧澤『健康文化論』、四頁

6 藤浪剛一『東西沐浴史話』人文書院、一九三一年、一六五頁

7 藤浪によると、これ以前にも曲直瀬道三による『雖知苦庵養生物語』があるが、藤浪はこれを「沐浴を良しと漠然」と述べたに過ぎないと指摘している。藤浪『東西沐浴史話』、一六五頁

8 のちに曲直瀬玄朔の子が今大路の屋号を賜り、今大路家は江戸時代を通して医者の一門となった。

9 曲直瀬玄朔「延寿撮要」大塚敬節・矢数道明編『近世漢方医学書集成 六』名著出版、一九七九年、四三八頁

10 曲直瀬「延寿撮要」、四三八-四三九頁

11 著者未詳「通仙延寿心法」三宅秀・大沢謙二編『日本衛生文庫 第三巻』日本図書センター、一九七九年、九〇-九一頁

12 貝原益軒「養生訓」石川謙校訂『養生訓・和俗童子訓』岩波文庫、一九六一年

13 貝原「養生訓」

14 芝田祐祥「人養問答」三宅秀・大沢謙二編『日本衛生文庫 第三巻』日本図書センター、一九七九年、七二-七三頁

15　本井子承「長命衛生論」三宅秀・大沢謙二編『日本衛生文庫　第二巻』日本図書センター、一九七九年、三九〇―三九一頁

16　神奈川県大磯海岸に日本で初めての海水浴場をつくった人物でもあった。

17　鈴木則子「江戸の銭湯にみる養生と清潔」吉田忠・深瀬泰旦編『東と西の医療文化』思文閣出版、二〇〇一年、二〇一頁

18　アメリカおよびヨーロッパでは一八三〇年代初めに、皮膚には呼吸機能があるという考え方が注目を集めるようになる。一九世紀の生理学者たちは身体の毛穴を湯できれいにしておく習慣が、健康そして生命維持に重要だと説いた。

19　鈴木「江戸の銭湯にみる養生と清潔」、二〇三頁

20　鈴木「江戸の銭湯にみる養生と清潔」、二〇七頁

21　鈴木「江戸の銭湯にみる養生と清潔」、二〇七頁

22　山東京伝「賢愚湊銭湯新話」神保五彌校注『新日本古典文学大系86　浮世風呂・戯場粋言幕の外・大千世界楽屋探』岩波書店、一九八九年、四四八―四四九頁

23　鈴木「江戸の銭湯にみる養生と清潔」、二〇九頁

24　式亭三馬著、神保五彌校注『浮世風呂』角川文庫、一九六八年、一六八頁

25　鈴木「江戸の銭湯にみる養生と清潔」、二一〇―二一一頁

26　石黒忠悳『医事鈔』東京府書籍館、一八七一年、一二―一四頁

27　入浴方法を分類する記述はこの後も見られる。たとえば一八九一（明治二四）年に出版された中原恭弥による『医家宝典』の「人工浴」という章のなかで、治療としての入浴方法が説明されている。最初に「浴湯トハ全身或ハ身体ノ一部ヲ洗浴スル（中略）其効用ヲ概論スレハ身体ノ皮膚ニ附着セル汚垢ヲ洗除シ以テ皮膚ノ新陳代謝機能ヲ催進シ疾病ヲ治療スルニアリ」として、入浴の意義とその効能が説かれたうえで、「寒浴（摂氏一八・七五度

以下）」「冷浴（摂氏一八・七五-二〇・七五度）」「微温浴（摂氏二〇・七五度-三三・七五度）」「温浴（摂氏三三・七五度-四〇度）」「熱浴（摂氏四〇度-四三・七五度）」と温度による入浴の区分がなされ、それぞれに適した入浴時間、治療効果のある病気が列挙された。そして温度による入浴の区分だけではなく、「熱水灌注法」「土耳其浴」などの入浴方法も紹介された。中原恭弥編『医家宝典』下巻、細謹舎、一八九一年、一九四-一九九頁

28 松寿主人編『開知日用便覧　初編』雁信閣、一八七三年、一三-一四頁。松寿主人は神奈川県会議員だった岡勘四郎のこと。

29 「伝染病研究所」の運営は一八九二（明治二五）年以降に行われた活動である。

30 瀧澤『健康文化論』、六三頁

31 柴田承桂は薬学者であり、一八七四（明治七）年から一八七八（明治一一）年にかけて東京医学校製薬学科の初代教授を務めた。一八七〇（明治三）年にドイツに留学し、ベルリン大学でホフマンに有機化学を学び、ミュンヘン大学でペッテンコーフェルに衛生学を学んだ。一八七八年に東京医学校を退いた後は内務省御用掛となり、衛生行政の創設に貢献した。

32 「衣服及ヒ皮膚保護沐浴」の内容についてこの記事では言及されていない。また一八九四（明治二七）年の『大日本私立衛生会雑誌』一三六号に「列国デモクラヒー会議」という記事が掲載された。この「会議部門」に「浴場衛生」があったと紹介されたが、その内容についても述べられていない。無記名「列国デモクラヒー会議」『大日本私立衛生会雑誌』第一三六号（一八九四年）

33 官僚や新聞記者などが渡欧の記録として入浴などについて書いたものには、一八八七（明治二〇）年に出版された『欧州之風俗　社会進化』がある。これは「郵便報知新聞」社員である森田思軒と吉田熹六が欧州や米国の訪問を記録したものであった。このなかに「湯屋の有様の事」「初旅の西洋浴室」という章がある。イギリスやフランスの「湯屋」や浴室について詳細に記録がのこされている。森田思軒・吉田熹六『欧州之風俗　社会進化』大庭和助刊、一八八七年、一二七-一三二、三一八-三二二頁

34 無記名「沐浴の沿革及其衛生上の必要」『大日本私立衛生会雑誌』一七二号、一八九七年、七一六頁

35 一九世紀のフランスでは温かい湯に入ることが病気を予防するとされ、そのための施設として公衆浴場があげられた。皮膚を清潔にすることが身体内に潜む力を活発にするとされ、身体の一部分でもあることが求められるようになった。一八九〇年代になると伝染病は細菌説の影響を受けた。腸チフス、結核、コレラ、ジフテリア、ペストなどの病原菌が汚れた皮膚に潜んでいるとされ、不潔な個人は潜在的に病気を運ぶと見なされるようになった。G・ヴィガレロ著、見市雅俊監訳『清潔になる〈私〉――身体管理の文化誌』同文館出版、一九九四年、二三二―二三三頁

36 無記名「沐浴の沿革及其衛生上の必要」『大日本私立衛生会雑誌』一七二号、七一六―七一七頁

37 無記名「沐浴の沿革及其衛生上の必要」『大日本私立衛生会雑誌』一七二号、七一六―七一七頁

38 V・スミス、鈴木実佳訳『清潔の歴史――美・健康・衛生』東洋書林、二〇一〇年

39 亀井重麿「入浴装置の改良を望む」『大日本私立衛生会雑誌』第二三四号、一九〇二年、七五九頁

40 福地復一は一八九四（明治二七）年から一八九七（明治三〇）年まで東京美術学校図案科の教師を勤めた人物であり、一九〇〇（明治三三）年のパリ万博、一九〇四（明治三七）年のセントルイス万博に農商務省嘱託の立場で意匠図案調査のために赴いた。

41 福地復一『衛生新論』島村利助刊、一八八八年、一五〇―一六三頁

42 福地『衛生新論』、一―二頁

43 福地『衛生新論』、一五〇頁

44 ここでは「公浴場」の定義はとくに説明されていないが、おそらく湯屋、つまり公衆浴場のことだと推測される。

45 福地『衛生新論』、一五一頁

46 福田琴月『家庭百科全書　第31編　衛生と衣食住』博文館、一九一一年、一三四頁

47 無記名「余白録」『大日本私立衛生会雑誌』四〇二号、一九一六年、五五二頁

48 内山直三・浅川範彦「理髪所又は浴場に於て病毒を伝染することあり之れを予防する簡便なる方法」『大日本私立衛生会雑誌』第一八四号、一八九八年、四九七頁
49 『警官実務必携』は、警察官の警察行政に関するそれぞれの部局に関し当てはまる行為がある場合に注意を促すことが列挙されているものである。
50 攻法学会編『警官実務必携』東京出版社、一九一二年、三〇頁
51 私立攻玉社と亀井重麿の経歴については長谷川博「明治期の攻玉社――亀井重麿を中心として」『第9回日本土木史研究発表会論文集』一九八九年、七九-八八頁を参照されたい。https://www.jstage.jst.go.jp/article/journalhs1981/9/0/9_0_79/_pdf（二〇一五年二月一二日取得）
52 「田虫・疥癬等の皮膚病は多く此の浴場を媒介として伝染すること最も多きは累々医家の説く処なり」として、浴場が皮膚病の伝染しうる場であると指摘されている。亀井「入浴装置の改良を望む」『大日本私立衛生会雑誌』第二三四号、一九〇二年、七五九頁
53 亀井「入浴装置の改良を望む」『大日本私立衛生会雑誌』第二三四号、七五九頁
54 亀井「入浴装置の改良を望む」『大日本私立衛生会雑誌』第二三四号、七五九頁
55 野田忠廣「水と衛生」『大日本私立衛生会雑誌』一九三号、一八九九年、四二五-四四八頁
56 河石久造「東京市ノ公衆浴場ノ衛生学的検査ニ就テ（第一回報告）」『日本衛生学会雑誌』第一〇巻第三号、一九一四年、二三-七〇頁、河石久造「東京市ノ公衆浴場ノ衛生学的検査ニ就テ（第二回報告）」『日本衛生学会雑誌』第一〇巻第四号、一九一五年、二九-八〇頁
57 河石「東京市ノ公衆浴場ノ衛生学的検査ニ就テ（第一回報告）」『日本衛生学会雑誌』第一〇巻第三号、一九一四年、二三頁
58 これらはすべて本郷区の浴場であった。
59 ただしこの検査においては「大腸菌」に焦点が当てられている。河石「東京市ノ公衆浴場ノ衛生学的検査ニ就

テ（第一回報告）」、五九―六四頁
60 河石久造「東京市ノ公衆浴場ノ衛生学的検査ニ就テ（第二回報告）」『日本衛生学会雑誌』第一〇巻第四号、一九一五年、二九―八〇頁
61 松下禎二『衛生百話』博文館、一九一八年
62 松下『衛生百話』、九四―九五頁
63 原田四郎・岡本芳太郎「公衆浴水の衛生学的調査」『国民衛生』第一一号、一九二三年、三〇―四四頁
64 原田・岡本「公衆浴水の衛生学的調査」、三〇頁
65 原田・岡本「公衆浴水の衛生学的調査」、三〇頁
66 原田・岡本「公衆浴水の衛生学的調査」、三一―三二頁
67 原田・岡本「公衆浴水の衛生学的調査」、三二―三六頁
68 原田・岡本「公衆浴水の衛生学的調査」、三八頁

【第四章】

1 日本では、ヤマザキマリによる漫画『テルマエ・ロマエ』（KADOKAWA、全六巻）が大ヒットし、映画化もされたことは記憶に残っている人が多いだろう。
2 また、中世の浴場の売春婦も経営者は厳しく規制されたが、なかには単に禁止されるのではなく、代金の支払い方や性病の女性の出入り禁止などを規制するなど公正な営業を求められることに留まるものもあった。V・スミス著、鈴木実佳訳『清潔の歴史――美・健康・衛生』東洋書林、二〇一〇年、二〇〇―二〇一頁
3 G・ヴィガレロ著、見市雅俊監訳『清潔《きれい》になる〈私〉――身体管理の文化誌』同文館出版、一九九四年、一三―一四頁
4 もちろん良い効果があるとも考えられ、温泉に病気に悩む湯治客が集まったという場合もある。

5 G・ヴィガレロ『清潔になる〈私〉――身体管理の文化誌』、一八―一九頁
6 G・ヴィガレロ『清潔になる〈私〉――身体管理の文化誌』、一六―一七頁
7 G・ヴィガレロ『清潔になる〈私〉――身体管理の文化誌』、四六頁
8 G・ヴィガレロ『清潔になる〈私〉――身体管理の文化誌』、四六頁
9 G・ヴィガレロ『清潔になる〈私〉――身体管理の文化誌』、二九―三〇頁
10 V・スミス『清潔の歴史――美・健康・衛生』、二〇二―二〇六頁
11 ただし入浴習慣は途絶えたものの、一六世紀には上流階級を中心に鉱泉が見直され、利用されるようになる。こうした鉱泉は「スパ」と呼ばれるもので、毒出しのため飲用されることが主だった。V・スミス『清潔の歴史――美・健康・衛生』、二二七頁
12 V・スミス『清潔の歴史――美・健康・衛生』、二一五―二一六頁
13 V・スミス『清潔の歴史――美・健康・衛生』、二四九頁
14 V・スミス『清潔の歴史――美・健康・衛生』、三〇四―三〇六頁
15 スミスは「民間生理学、合理的な娯楽、衛生改革はすべて同じ衛生計画の一部」であると指摘する。V・スミス『清潔の歴史――美・健康・衛生』三〇四―三〇六頁
16 見市雅俊『コレラの世界史』晶文社、一九九四年、一五頁
17 上林茂暢「公衆衛生の確立における日本と英国――長与専斎とE・チャドウィックの果たした役割」『日本医史学雑誌』第四七巻第四号、二〇〇一年、六六五―六九六頁
18 J・ロンドン著、行方昭夫訳『どん底の人びと――ロンドン1902』（岩波文庫、一九九五年。原題は*The People of the Abyss*）は、一九二〇年に『奈落の人々』として邦訳され刊行された。
19 the Great Unwashedという言葉は現在では「下層民」や「貧民」と訳されるが、当時の文脈では下層階級であり洗われていない人々も指す。

20 Glassberg, D. The Design of Reform: the Public Bath Movement in America, *American Studies*, (2), 20, 1979, 5-21

21 Williams, M. T. *Washing "The Great Unwashed" Public Baths in Urban America, 1840-1920*, Columbus: Ohio State University Press, 1991, 7-8

22 V・スミス『清潔の歴史――美・健康・衛生』、三〇九頁

23 Glassberg, The Design of Reform: the Public Bath Movement in America, 8

24 G・ヴィガレロ『清潔になる〈私〉』、J＝P・グベール著、吉田弘夫・吉田道子訳『水の征服』パピルス、一九九一年、三一三-三一八頁

25 K・アシェンバーグ著、鎌田彷月訳『図説　不潔の歴史』原書房、二〇〇八年、一八三-一八四頁

26 K・アシェンバーグ『図説　不潔の歴史』、一九四-一九五頁。現在パリには、公衆トイレと公衆シャワーを兼ねた市営の Bain Douches（バン・ドゥーシュ）が一六個ある。

27 Glassberg, The Design of Reform: the Public Bath Movement in America,

28 AICPの公衆浴場ではバスタブではなくシャワーが設置された。シャワーの方がバスタブよりも水量、面積が少なくてすみ、費用もかからないためとされる。Glassberg , The Design of Reform: the Public Bath Movement in America, 10

29 *Laws of the State of New York*, Albany: Banks & Brothers, Publishers, 1892, p.939.

30 アメリカのほかの都市では，行政によって公衆浴場が作られていく経緯は異なっている。フィラデルフィアではフィラデルフィア公衆浴場協会(Public Baths Association of Philadelphia)によって一八九八年から一九〇三年の間に三つの屋内公衆浴場が建設された。シカゴでは一八九四年に市が運営する公衆浴場を開設した。
Glassberg, The Design of Reform: the Public Bath Movement in America, 11-12

31 Williams, Washing "The Great Unwashed" Public Baths in Urban America, 1840-1920, 32。一七九一年にジョ

ン・ウェズレーが "Cleanliness is indeed next to Godliness" と表したといわれる。Morris, William and Mary, *Morris Dictionary of Word and Phrase Origins*, HarperRow, New York, 1977, 136

32 Morris William and Mary, *Morris Dictionary of Word and Phrase Origins* , 136. 英語でこうした言葉が初めて現れたのは、一六〇五年にフランシス・ベーコンの著書『学問の進歩』(*The Advancement of Learning*) においてである。ベーコンは美容に関する節で「身体を清浄することは、神と社会とわれわれ自身とに対して当然払うべき敬意に発するとつねに考えられた」と述べている。F・ベーコン著、服部英次郎・多田英次訳『学問の進歩』岩波文庫、一九七四年、二〇一頁

33 留岡幸助「グラスゴー市の社会事業に就て」『警察協会雑誌』第五一号、一九〇四年、五二-五九頁

34 グラスゴー効果として知られている。貧困や人口過密、飲酒習慣などが原因として考えられている。

35 留岡「グラスゴー市の社会事業に就いて」、五二-五九頁

36 生江孝之『欧米視察細民と救済』博文館、一九一二年、二三二頁

37 生江『欧米視察細民と救済』、二三三頁

38 生江『欧米視察細民と救済』、二三三頁

39 生江『欧米視察細民と救済』、二三三-二三四頁

40 生江『欧米視察細民と救済』、二三三-二三四頁

41 簡易保険局積立運用課「公設浴場に関する調査」一九二一年、社会福祉調査研究会『戦前日本社会事業調査資料集成』第八巻、勁草書房、一九九三年、九五-一一三頁

42 田子一民『社会事業』帝国地方行政学会、一九二二年、二六一頁

43 田子『社会事業』、二六一頁

44 社会事業の成り立ちや展開については拙著『近代日本の公衆浴場運動』でも触れた。またほかに優れた先行研究があるのでそちらを参照されたい。

45 大阪市社会部『大阪市社会事業概要』、一九二三年、六四–六五頁
46 大阪市『明治大正大阪市史　第三巻　経済編　中』日本評論社、一九三四年、八九五頁
47 「大阪毎日新聞」一九一九年六月七日発行
48 岳洋生「市営社会事業を視るの記——築港方面」『救済研究』第八巻第六号、一九二〇年、七二頁。法学者・小河滋次郎の号が「岳洋」であり、視察報告の際には「岳洋生」の別名で寄稿していたようである。
49 永橋爲介「一九二〇年代の大阪市の社会事業及び住宅政策の展開にみる「都市下層」社会への統治術の検証」『都市計画論文集（都市計画別冊）』第三四号、一九九九年、五七二頁
50 永橋「一九二〇年代の大阪市の社会事業及び住宅政策の展開にみる「都市下層」社会への統治術の検証」、五七二頁
51 大阪市社会部調査課「社会部報告第九四号　六大都市市会社会事業概要」、一九二九年、一〇六頁（近現代資料刊行会『日本近代都市社会調査資料集成三　大阪市社会部調査報告書一五　昭和四年（四）』近現代資料刊行会、一九九六年）所収
52 大阪市社会部調査課「本市に於ける浴場労働者の生活と労働」、一九三一年、三七頁（近現代資料刊行会『日本近代都市社会調査資料集成三　大阪市社会部調査報告書二七昭和六年（七）』近現代資料刊行会、一九九六年）所収
53 部落改善運動は被差別部落の解放を目指して進められた運動である。この運動は、被差別部落内の生活環境の改善をはかり、被差別部落住民の「改善」に向けた自覚を促すものでもあった。一九一八年の米騒動を契機に、被差別部落住民を中心とする水平運動が起こりはじめた。水平運動は社会主義運動とも連携した。
54 井上清他編『京都の部落史（二）近現代』京都部落史研究所、一九九一年、九八頁
55 京都府が最初に設けた東三条の公設浴場はもともと京都市内にあったため、水道整備についての記録は確認されない。
56 京都市社会課「京都市社会課叢書第１３編　京都の湯屋」一九二三年、一三五頁。社会福祉調査研究会『戦前

日本社会事業調査資料集成』第八巻、勁草書房、一九九三年所収

57 清潔さと国民性の関連については岩本の研究に示唆的である。岩本通弥「装い――穢れと清潔」新谷尚樹・波平恵美子・湯川洋司編『暮らしの中の民俗学1 一日』吉川弘文館、二〇〇三年、六五-九九頁

【第五章】

1 よく知られているように、エコノミーの語源がオイコノミア（家の管理）である。『オイコノミコス』は古代ギリシャのクセノポン（クセノフォン）によって著された。妹島治彦『『ビートン社の家政書』とその時代――「しあわせのかたち」を求めて』京都大学学術出版会、二〇一八年、xii。クセノフォン著、越前谷悦子訳『オイコノミコス――家政について』リーベル出版、二〇一〇年

2 アメリカでは一八九九年から一〇年間、レイク・プラシッド会議が開かれ、アメリカ家政学会が創立されていく。この定義は一九〇二年につくられ、現在まで広く使用されている。S・ステイジ、V・B・ヴィンセンティ編著、倉元綾子・山口厚子訳『家政学再考――アメリカ合衆国における女性と専門職の歴史』近代文藝社、二〇〇二年、三六六頁

3 今井光映・紀嘉子編著『アメリカ家政学史 ホーム・エコノミックスとヒーブの原点――リチャーズとレイク・プラシッド会議』光生館、一九九〇年、七八頁

4 N・トムズ著、倉元綾子・山口厚子訳「細菌学説の広がり――衛生科学と家政学、一八八〇年～一九三〇年」、S・ステイジ、V・B・ヴィンセンティ編著『家政学再考――アメリカ合衆国における女性と専門職の歴史』、五七-七八頁

5 常見育男『家政学成立史』光生館、一九七一年、一〇七頁、一一〇頁

6 常見『家政学成立史』、一〇七頁

7 常見『家政学成立史』、一〇頁

8 常見『家政学成立史』、一一九頁

9 このほか裁縫や料理、育児、住居、礼法、手芸、染色などの実技にわたるものがあったと言われる。常見『家政学成立史』、一一九頁

10 小山静子『良妻賢母という規範』勁草書房、一九九一年、一九頁

11 中村正直は教育学者であり、女子教育に尽力した人物として知られる。また、ミルの『自由論』や、サミュエル・スマイルズの著作の翻訳を行った。中村は江戸期の終わりから受容された中国思想の「賢婦賢母論」を基盤にして、彼が留学したイギリスの影響やサミュエル・スマイルズの思想などと折衷しながら女子中等教育にあたる女学校が私的に設置されていった。関口すみ子『御一新とジェンダー——荻生徂徠から教育勅語まで』東京大学出版会、二〇〇五年、三二三-三二五頁

12 小山『良妻賢母という規範』、三五頁

13 深谷昌志『良妻賢母主義の教育』黎明書房、一九六六年、六三頁

14 小山『良妻賢母という規範』、三六頁

15 髙橋春子『女性の自立と家政学』法律文化社、一九八一年、三八-三九頁

16 小山『良妻賢母という規範』、三九頁

17 小山『良妻賢母という規範』、四〇頁

18 小山『良妻賢母という規範』、四一-四六頁

19 常見『家政学成立史』

20 常見『家政学成立史』

21 辻啓介「家政学を考える——健康科学からみた家政学」『日本家政学会誌』第四四巻第七号、一九九三年、五九七-六〇二頁

22 谷口彩子・亀高京子「永峰秀樹抄訳『経済小学 家政要旨』とその原点との比較考察」『日本家政学会誌』第四七

巻第四号、一九九六年、二八九-三〇二頁
23 常見『家政学成立史』、二一一-二二二頁
24 常見『家政学成立史』、二三-二四頁
25 沢山美果子『近代家族と子育て』吉川弘文館、二〇一三年、三七-三八頁
26 沢山『近代家族と子育て』、三六頁
27 山本与一郎の詳しい経歴は不明である。瀧澤利行は『家庭衛生論』の中表紙から「医士」という記述に着目し、医業を営んでいたのではないかと指摘している。瀧澤利行『近代日本健康思想の成立』大空社、一九九三年、二九三頁
28 川端美季『近代日本の公衆浴場運動』法政大学出版局、二〇一六年
29 山本与一郎「家庭衛生論」瀧澤利行編『近代日本養生論・衛生論集成』第一五巻、大空社、一九九三年
30 長与専斎『松香私志』長与称吉利、一九〇二年、六五頁
31 居住環境やライフラインの確立、それだけでなく貧困層の福祉につながる思想も含まれる。
32 山本「家庭衛生論」。また、すでに指摘されているように、明治二〇年代の家政書における小児の入浴についての記述は湯の温度について注意を述べるものが主であった。拙書『近代日本の公衆浴場運動』法政大学出版局、二〇一六年
33 飯島半十郎編『家事経済書』博文館、一八九〇年、四八-四九頁
34 一八七三（明治六）年に刊行された石黒忠悳『長生法』の「小児養生の事」という項目のなかで、「生児は微温浴にて洗い清め」とも述べている。「微温浴」というのは、石黒の一八七一（明治四）年の『医事鈔』のなかで「華氏八六度、摂氏三〇度位」と説明されている。
35 下田歌子『家政学　下巻』博文館、一八九三年、二〇八頁
36 羽仁もと子『家庭小話』内外出版協会、一九〇三年、六-七頁

37 福田琴月『家庭百科全書 第31編 衛生と衣食住』博文館、一九一一年、三頁
38 福田『家庭百科全書 衛生と衣食住』二三四頁
39 大倉精神文化研究所編『臨時神道講習会叢書 第一、第二輯』大蔵精神文化研究所、一九三三年
40 田中義能『家庭教育学』同文館、一九一二年、一六八―一六九頁
41 小山『良妻賢母という規範』、四一頁
42 小山『良妻賢母という規範』、四二頁
43 小山『良妻賢母という規範』、四五頁
44 小山『良妻賢母という規範』、四五頁
45 河野正義『婦人宝鑑 最新家庭全書』東京国民書院、一九一四年、一九〇頁
46 河野『婦人宝鑑 最新家庭全書』、一九〇―一九一頁
47 河野『婦人宝鑑 最新家庭全書』、一九〇―一九一頁
48 井上秀子『最新家事提要』文光社、一九二五年、二―三頁
49 小山『良妻賢母という規範』、一二三―一二八頁
50 小山『良妻賢母という規範』、一二九頁
51 井上『最新家事提要』、三〇九―三一〇頁
52 井上『最新家事提要』、三〇九頁

【第六章】

1 上田万年、松井簡治『大日本国語辞典』金港堂、富山房、一九一六年、二九三頁
2 国民道徳論についてはすでに多くの研究があり、本書は以下に挙げたものを参考にした。粂康弘「国民道徳論の系譜」『名城商学』第四四号別冊、一九九五年、一―三四頁、森川輝紀『国民道徳論の道――「伝統」と「近

代化」の相克』三元社、二〇〇三年、江島顕一「明治期における井上哲次郎の「国民道徳論」の形成過程に関する一考察」『慶應義塾大学大学院社会学研究科紀要』第六七号、二〇〇九年、一五-二九頁、瓜谷直樹「井上哲次郎の儒学研究の再検討——陽明学を中心に」『教育文化』第二〇号、二〇一一年、二五-五一頁

3 一八九一年、第一高等中学校の教育勅語奉読式にて、当時嘱託教員だった内村が最敬礼を行なかった。これを同僚だけでなく、井上哲次郎(当時帝国大学の教授)も強く非難した。内村は翌月に依願退職した。

4 『勅語衍義』は改訂や修正が度々加えられ、検定用修身教科書として使用されるようになった。

5 戊申詔書では、国民が心をひとつにして自ら律していくことが求められた。

6 井上哲次郎『倫理と教育』弘道館、一九〇八年、四五五-四五九頁

7 芳賀の議論は国民性の言説に影響があったとされる。岩本通弥「装い——穢れと清潔」新谷尚紀・波平恵美子・湯川洋司編『暮らしのなかの民俗学1　一日』吉川弘文館

8 竹長吉正「上田万年・芳賀矢一・橋本進吉——日本近代の国語国文学研究者(その二)」『埼玉大学紀要　教育学部』第五一巻第一号、二〇〇二年、一-二三頁

9 芳賀矢一『国民性十論』富山房、一九〇七年、二頁

10 竹長「上田万年・芳賀矢一・橋本進吉——日本近代の国語国文学研究者(その二)」

11 芳賀『国民性十論』、二頁

12 竹長「上田万年・芳賀矢一・橋本進吉——日本近代の国語国文学研究者(その二)」

13 芳賀矢一『国民性十論』、一五頁

14 本居宣長が用いた「真心」は生まれついたままのもの、善いものも悪いものもあり、善悪邪正で分けられるものではなく、「それらすべての根源となる心」であった(水野雄司『本居宣長の思想構造——その変質の諸相』東北大学出版会、二〇一五年、九三-一〇四頁)。こうした本居宣長の真心は「今日でいうところの神話的世界」と等しい、つまり「日常的な分別では捉えきれない」世界と指摘されている(菅野覚明「神話的世界と菩薩——本居宣長の「真

心」論を手がかりに」『宗教研究』第八一巻II号、二〇〇七年、一一二(三二二)頁)
15 竹長「上田万年・芳賀矢一・橋本進吉——日本近代の国語国文学研究者(その二)」、六-八頁
16 芳賀矢一『国民性十論』、二四-二五頁
17 芳賀矢一『国民性十論』、一八三頁
18 芳賀『国民性十論』、一八三-一八四頁
19 芳賀『国民性十論』、一八五-一八六頁
20 バジル・ホール・チェンバレン(Chamberlain, Basil Hall)。イギリス人の日本研究家であり、帝国大学文学部で教鞭をとった。一八七三年から一九一一年に日本に滞在している。
21 ただし、芳賀が衛生家の言説をどこまで知っていたのかはわからない点が多く、その関連性については今後も検討する必要がある。
22 井上哲次郎『国民道徳概論』三省堂、一九一二年、三五五頁
23 井上『国民道徳概論』、三五五頁
24 一九二八年の『新修国民道徳概論』(三省堂)では「没我性」が加わり、一五の特徴となった。
25 井上『国民道徳概論』、三五九頁
26 波平はまた「川原や海岸はまたケガレの空間でもあり、平安時代京都において死体は山へも運ばれたが、鴨川の川原にも運ばれたのである。人が居住し、生活を営む空間には中心としての空間があり、そこから見て周辺となるであろう山の麓や川原あるいは未開墾地は、また、所有も区画も明確でない漠然とした空間である」と、周縁的な空間は穢れの側面があったとしている。このことは身をすすぐ場が穢れを捨てる場であり、「清浄な空間ともなればケガレの空間ともなる」両義性を示している。波平恵美子『ケガレ』講談社学術文庫、二〇〇九年、二三二-二三三頁
27 井上『国民道徳概論』、三五九頁

28　井上『国民道徳概論』、三五九頁
29　野田義夫『日本国民性の研究』教育新潮研究会、一九一四年、九〇－九一頁
30　深作安文『国民道徳要義』弘道館、一九一六年、二五一頁
31　深作『国民道徳要義』、二五二頁
32　深作『国民道徳要義』、二五三－二五四頁
33　深作『国民道徳要義』、三六頁
34　深作『国民道徳要義』、三九頁
35　深作『実践倫理要義』、二五二－二五三頁
36　深作『実践倫理要義』、二五三頁
37　深作『実践倫理要義』、四三頁。ソクラテスは自身の主張の正当性のために、楠木と丁は忠義のために死ぬこととなった。
38　小松梧楼「アイヌ種族の衛生状態(二)」『大日本私立衛生会雑誌』第四二三号、一九一八年、三五六－三六六頁

【第七章】

1　貝塚茂樹『文献資料集成　日本道徳教育論争史　第3巻　国定修身教科書の成立(第一期・第二期)と修身教育』日本図書センター、二〇一二年、七頁
2　貝塚『文献資料集成　日本道徳教育論争史　第3巻　国定修身教科書の成立(第一期・第二期)と修身教育』七頁。中村紀久二『教科書の社会史――明治維新から敗戦まで』岩波新書、一九九二年、一一六頁
3　中村『教科書の社会史』
4　教科書会社と教科書採択担当者の間の贈収賄事件。一つの事件をきっかけに、複数の教科書会社、多数の関係者が摘発された。これを契機に教科書国定化が進んだとも言われる。中村はこの事件について、国定化に踏み

切るために文部省が仕組んだという論争を取り上げている。中村『教科書の社会史――明治維新から敗戦まで』一二五-一二七頁

5 貝塚『文献資料集成 日本道徳教育論争史　第3巻　国定修身教科書の成立（第一期・第二期）と修身教育』

6 仲新・稲垣忠彦・佐藤秀夫編『近代日本教科書教授法資料集成　第五巻　教師用書一　修身篇』東京書籍、一九八三年、六七頁

7 仲・稲垣・佐藤『近代日本教科書教授法資料集成　第五巻　教師用書一修身篇』、六七-六八頁

8 仲・稲垣・佐藤『近代日本教科書教授法資料集成　第五巻　教師用書一修身篇』、六七頁

9 仲・稲垣・佐藤『近代日本教科書教授法資料集成　第五巻　教師用書一修身篇』、一〇五頁

10 仲・稲垣・佐藤『近代日本教科書教授法資料集成　第五巻　教師用書一修身篇』、一〇五-一〇六頁

11 仲・稲垣・佐藤『近代日本教科書教授法資料集成　第五巻　教師用書一修身篇』、一三七頁

12 仲・稲垣・佐藤『近代日本教科書教授法資料集成　第五巻　教師用書一修身篇』、一三八頁

13 仲・稲垣・佐藤『近代日本教科書教授法資料集成　第五巻　教師用書一修身篇』、一三八頁

14 海後宗臣・仲新編『日本教科書大系近代編　第三巻』講談社、一九六二年、五七-五八頁

15 中村紀久二『複刻 国定修身教科書 解説』大空社、一九九〇年、八〇頁

16 海後宗臣・仲新・寺崎昌男『教科書でみる近現代日本の教育』東京書籍、一九九九年、一一八頁

17 ほかに「テンノウヘイカ」や「チユウギ」という項目もある。

18 海後・仲編『日本教科書大系近代編　第三巻』、八一頁

19 海後・仲編『日本教科書大系近代編　第三巻』、八九頁

20 中村『複刻 国定修身教科書 解説』、八四頁

21 中村『複刻 国定修身教科書 解説』、九〇頁

22 松下丈夫『近代日本教育史』明治図書出版社、一九四九年、三三八頁

23　海後・仲編『日本教科書大系近代編　第三巻』、一七五頁
24　中村『複刻 国定修身教科書 解説』、九四頁
25　中村『複刻 国定修身教科書 解説』、九八頁
26　海後・仲編『日本教科書大系近代編　第三巻』、四四二-四四四頁

川端美季 かわばた・みき
1980年神奈川県生まれ。
立命館大学生存学研究所特別招聘准教授。専門は公衆衛生史。
立命館大学先端総合学術研究科修了。博士(学術)。
著書に『近代日本の公衆浴場運動』(法政大学出版局)、
共編著に『障害学国際セミナー 2012
――日本と韓国における障害と病をめぐる議論』(生活書院)がある。

NHK出版新書 729
風呂と愛国
「清潔な国民」はいかに生まれたか
2024年10月10日 第1刷発行

著者 川端美季 ©2024 Kawabata Miki
発行者 江口貴之
発行所 NHK出版
〒150-0042 東京都渋谷区宇田川町10-3
電話 (0570) 009-321(問い合わせ) (0570) 000-321(注文)
https://www.nhk-book.co.jp (ホームページ)

ブックデザイン albireo
印刷 壮光舎印刷・近代美術
製本 二葉製本

Printed in Japan ISBN978-4-14-088729-5 C0236

NHK出版新書好評既刊

大人のための「中学受験算数」
問題解決力を最速で身につける
永野裕之
中学入試の算数は、数学的発想が磨かれる良問の宝庫だ。難関中の入試問題を解くことで未知なる課題を解決する力を養える画期的な一冊。
701

徹底解説
エネルギー危機と原発回帰
水野倫之
山崎淑行
原発回帰の課題から再生可能エネルギーの現状まで、NHK解説委員・デスクが日本のエネルギー問題を徹底解説。池上彰氏との特別鼎談も収載！
702

昭和ブギウギ
笠置シヅ子と服部良一のリズム音曲
輪島裕介
大衆音楽史研究の第一人者が楽譜草稿などの貴重資料を渉猟し、「ブギの女王」と「スウィングの申し子」コンビが近代の芸能に遺した業績を書き尽くす。
703

絶滅する「墓」
日本の知られざる弔い
鵜飼秀徳
土葬、風葬から男女別葬、骨仏、肉体と魂を分けて埋葬する両墓制まで。全国各地を取材した著者が、滅びゆく日本の葬送文化を明かす。
704

生成AIの核心
「新しい知」といかに向き合うか
西田宗千佳
社会現象となった生成AIは、我々の生活、働き方をどう変えるのか。リスクや限界も押さえつつ、人間とのベストな協業体制、活かし方を考える。
705

新幹線全史
「政治」と「地形」で解き明かす
竹内正浩
なぜ新駅や路線はその場所につくられたのか。誕生から拡大期を経て、リニア中央新幹線まで。新幹線の歴史を路線ごとに書き尽くす決定版。
706

NHK出版新書好評既刊

平安貴族とは何か
三つの日記で読む実像
倉本一宏
周到かつ合理的に立ち回り、腐心しながら朝廷を支えた平安貴族の本当の姿を、『御堂関白記』『権記』『小右記』の三つの古記録から明かす。
707

キリスト教の本質
「不在の神」はいかにして生まれたか
加藤 隆
キリスト教の実態とは「神なし領域の宗教ビジネス」である。ストラスブール大卒の神学者が、自らの研究の集大成として世に放つ、類書皆無の宗教論！
708

希望の分子生物学
私たちの「生命観」を書き換える
黒田裕樹
分子生物学が導く驚きの未来像をわかりやすく、豊富なたとえを駆使して解説。生命や健康、生物学的な〈わたし〉という存在への認識が改まる！
709

運は遺伝する
行動遺伝学が教える「成功法則」
橘 玲
安藤寿康
知性、能力、性格、そして運まで。私たちは残酷な世界の真実にどう向き合うべきか？ 人気作家と行動遺伝学の第一人者が徹底的に論じる決定版。
710

「源氏物語」の時代を生きた女性たち
服藤早苗
身分ある女性から庶民の女性にまで光を当て、彼女たちの結婚・出産・仕事・教養・老後などを史料に基づいて解説。平安時代の実像に迫る快作。
711

マルクス・ガブリエル 日本社会への問い
欲望の時代を哲学するIII
丸山俊一
＋NHK「欲望の時代の哲学」制作班
哲学者の眼に「九〇年代で足踏みしている」と映る日本人は今、何を目指せばいいのか。日本の特質を生かして「より良き社会」を作る道が見えてくる！
712

NHK出版新書好評既刊

日本の動物絵画史
金子信久

国宝「鳥獣戯画」から、若冲の「動植綵絵」に応挙の子犬まで。80点超をフルカラー収載し、名作誕生の秘密を説き起こした、決定版の通史!

713

「人の期待」に縛られないレッスン
はじめての認知行動療法

中島美鈴

頼まれた仕事を断れない、人に会うと気疲れする、頑張っても評価されない――。他人の評価や愛情に左右されないシンプルな思考法とは。

714

アナーキー経営学
街中に潜むビジネス感覚

高橋勅徳

会議室の外で生まれる「野生のビジネス」を経営理論で読み解いてみたら、思わぬ合理的戦略が見えてきた! 経営学の可能性を拓く、異色の入門書。

715

「植物の香り」のサイエンス
なぜ心と体が整うのか

塩田清二
竹ノ谷文子

ストレスや不安の軽減から集中力、記憶力など脳機能の向上、治りづらい疾患の緩和・予防まで。最新研究をもとに、第一人者がわかりやすく解説。

716

戦国武将を推理する
今村翔吾

三英傑(信長、秀吉、家康)から、『じんかん』の松永久秀や『八本目の槍』の石田三成まで、直木賞作家が徹底プロファイリング。彼らは何を賭けたのか。

717

哲学史入門I
古代ギリシアからルネサンスまで

斎藤哲也[編]

第一人者が西洋哲学史の大きな見取り図・重要論点をわかりやすく、そして面白く示す! シリーズ第一巻は、古代ギリシアからルネサンスまで。

718

NHK出版新書好評既刊

719
哲学史入門II
デカルトからカント、ヘーゲルまで
斎藤哲也［編］
第二巻は、デカルトからドイツ観念論までの近代哲学を扱う。「人間の知性」と向き合ってきた知の巨人たちの思索の核心と軌跡に迫る！

720
戦時から目覚めよ
未来なき今、何をなすべきか
スラヴォイ・ジジェク
富永晶子［訳］
人類の破滅を防ぐための時間がもう残されていないとしたら——。現代思想の奇才がウクライナ戦争以後の世界の「常識」の本質をえぐり出す。

721
哲学史入門III
現象学・分析哲学から現代思想まで
斎藤哲也［編］
近代哲学はいかに乗り越えられ、新たな哲学が誕生したのか。第三巻は、二〇世紀を舞台に大陸系と英米系という二大潮流を最前線までたどる。

722
中国古典の生かし方
仕事と人生の質を高める60の名言
湯浅邦弘
悩んだときは、『孫子』×『貞観政要』と、『菜根譚』×『呻吟語』が役に立つ。ユーモア抜群の研究者が解説する、「故事・ことわざ」読み方指南の書！

723
新プロジェクトX 挑戦者たち 1
東京スカイツリー カメラ付き携帯
三陸鉄道復旧 明石海峡大橋
NHK「新プロジェクトX」制作班
18年ぶりに復活の群像ドキュメンタリー、待望の書籍化第1弾！「失われた時代」とも言われる平成・令和の挑戦者たちの知られざるドラマを描く。

724
人口減少時代の再開発
「沈む街」と「浮かぶ街」
NHK取材班
補助金依存など、ほころびを見せつつある高層化による再開発スキーム。福岡、秋葉原、中野、福井……、現地の徹底取材からその深部に迫る！

NHK出版新書好評既刊

「ネット世論」の社会学
データ分析が解き明かす「偏り」の正体
谷原つかさ
「民意」を作るのは、わずか0・2％のユーザだった！　思い込みや偏見を排した定量的なデータ分析に基づき、「ネット世論」の実態に迫る快著。
725

新プロジェクトX　挑戦者たち　2
国産EV　隠岐　離島再生
心臓・血管修復パッチ
スパコン「京」　自動ブレーキ
NHK「新プロジェクトX」制作班
泥臭く、ひたむきに働く人々が乗り越えた幾多の困難。そこに大切なメッセージがある。新たな価値や課題に果敢に挑んだ地上の星たちの物語。
726

ドラマで読む韓国
なぜ主人公は復讐を遂げるのか
金光英実
韓ドラに復讐劇が多い理由とは？　韓国の人間関係は「親しき仲には遠慮なし」？　ドラマ作品を通じて隣人の素顔に迫る、新感覚の韓国社会入門！
727

ホワイトカラー消滅
私たちは働き方をどう変えるべきか
冨山和彦
企業支援の第一人者が語る、これから起きる「労働移動」。ホワイトカラーが、シン・ホワイトカラーとして働き場所を新たに見出す方策を明瞭に示す！
728

風呂と愛国
「清潔な国民」はいかに生まれたか
川端美季
いつから日本人は「風呂好き」と言われるようになり、入浴することは規範化したのか？　衛生と統治をめぐる、知られざる日本近代史！
729